MYSTÈRES CELTES

JOHN SHARKEY

ART+IMAGINATION

MYSTÈRES CELTES

UNE RELIGION DE L'INSAISISSABLE

JOHN SHARKEY

117 illustrations, dont 42 en couleurs

Éditions Dervy

Pour Jane, Kate, Gann et tous les enfants du soleil

Page 2 | La tête de Msecke-Zehrovice : statuette en pierre (probablement une divinité) portant un torque, trouvée dans une enceinte sacrée à Msecke-Zehrovice, Bohême, République tchèque, iiie siècle av. J.-C., Musée national de Prague.
Cette double page | Enluminure du Livre de Durrow, Irlande, trouvé dans le Northumberland, Angleterre, VIIe siècle apr. J.-C. Trinity College, Dublin.

ART+IMAGINATION
Coordination éditoriale : Jill Purce
L'édition originale de cet ouvrage a paru sous le titre
Celtic Mysteries chez Thames & Hudson Ltd, Londres.

19, rue Saint-Séverin 75005 Paris
ISBN : 979-10-242-0000-2
contact@dervy.fr
www.dervy-medicis.com

Traduit de l'anglais par Marie-France de Paloméra

Cet ouvrage a été reproduit et achevé d'imprimer en juillet 2013
par l'imprimerie Toppan Leefung pour les Éditions Dervy.

Dépôt légal : 3e trimestre 2013
Imprimé en Chine

SOMMAIRE

UNE RELIGION DE L'INSAISISSABLE

Le mystère autour duquel s'orga-nisèrent la religion celtique et les rites qui en concrétisèrent l'essence ne cessera jamais de se dérober, car, en mettant l'accent sur le monde magique des esprits, la mystique celte a masqué à beaucoup la spiritualité de ces peuples guerriers et le fait même qu'ils aient eu une religion personnelle. La tradition orale qui perpétuait les lois, les légendes et les enseignements de la tribu, filtrée au travers de la mémoire active d'un groupe de poètes et de prêtres, rendait inutile la tradition écrite. Et, à l'exemple de ces interdits qui pesaient sur les héros guerriers celtes et prédestinaient leur vie et leurs actions, le tabou sur l'écriture dura aussi longtemps que subsista la religion ancienne.

Les premières traces de civilisation celtique en Europe centrale apparaissent entre 800 et 450 av. J.-C. et appartiennent à l'époque de Halstatt – du nom d'un centre d'extraction de sel et de cuivre situé en Autriche, et dans le cimetière duquel furent mis au jour un grand nombre d'objets en métal. La phase ultérieure de La Tène, qui tire son nom d'un village suisse, se développa en Europe continentale jusqu'à la période romaine. Le style ornemental qui caractérise La Tène, typé par son décor exubérant, inventif mais stylisé, par ses modèles floraux et ses symboles abstraits, marquait encore, mille ans plus tard, le travail du métal, la sculpture de la pierre et l'enluminure des manuscrits dans l'Angleterre et l'Irlande celtiques.

Tourbillons de volutes et d'entrelacs, ces mystérieux et complexes modèles ornementaux perdurèrent, même quand il s'agit de les appliquer à des thèmes chrétiens. Une plante devenait une queue, qui s'entremêlait élégamment, pour donner une tête, des jambes ou des pieds, qui se

Ecrin de la cloche de saint Patrick, Irlande (vers 1100) illustrant la tradition décorative celte. La partie supérieure, en argent massif ajouré, dessine deux oiseaux dont les ailes, le cou et le bec s'enroulent et se mêlent pour se rejoindre sur l'autre face en un seul animal à forme de reptile.

→ Détail du canon, Livre de Kells (Irlande, VIIIe siècle), où saint Matthieu contemple une imbrication végétale inextricable, traduit l'omni-présence de l'esprit au cœur de la matière.

Pages 6–7 | Les cercles de pierre mégalithiques projettent leur ombre formidable sur la religion celtique. On considérait que le crépuscule et l'aube, en tant qu'espaces séparant le monde de la veille de celui du sommeil et du rêve, étaient particulièrement signifiants.

transformaient à leur tour en maintes bêtes flexibles, qui se lovaient, se fondaient ou s'entredévoraient les unes les autres. L'histoire nomade et le développement transcontinental des peuples celtiques peuvent en partie expliquer cette fluidité d'expression artistique. Des vestiges d'une langue, d'un art, d'un rituel et d'une religion ancestrale commune se retrouvent de l'Inde à l'Irlande et, dans chaque cas, se mélangent à des coutumes et à des croyances locales. Des flux constants entre les multiples « autres mondes » se trouvaient au cœur de l'ancienne religion et, comme les héros mythiques de ces voyages merveilleux, les mystères celtiques se sont développés à partir de ces rencontres singulières.

L'émergence des Celtes d'Europe centrale en tant que groupe distinct composé de clans et de tribus se situe entre 1000 et 500 av. J.-C. Leur langue, leur religion, leur organisation sociale et leurs coutumes différaient de celles de la Méditerranée du sud ou des régions orientales proches du Danube.

Les Celtes semblent avoir eu de nombreux points communs avec les peuples guerriers indo-européens qui avaient déferlé sur les civilisations de la vallée de l'Indus un millénaire plus tôt environ.

← Ces collines arrondies sont appelées Dá Chích Anann ou les Tétons d'Anu, The Paps, comté de Kerry, Irlande. Peut-être s'agit-il de la déesse Danu, mère ancestrale des Celtes d'Irlande ou peut-être aussi de Ave ou Avu, la reine-lune qui présidait aux alignements jumeaux de la nécropole d'Avebury (Wiltshire).

D'une façon générale, les Celtes semblent avoir eu de nombreux points communs avec les peuples guerriers indo-européens qui avaient déferlé sur les civilisations de la vallée de l'Indus un millénaire plus tôt environ. On retrouve dans les langues indo-européennes d'Asie et d'Europe plusieurs formes linguistiques archaïques, comme *raja*, roi (latin : *rex*, irlandais : *rí*, gaulois : *-rix*) ou *rigu*, reine, ainsi que beaucoup d'autres ayant trait aux coutumes sacrées ou à l'organisation sociale. Il est également possible d'effectuer des rapprochements entre la civilisation celtique et la civilisation indienne dans certains rites animaux où l'esprit du nouveau roi ou de la nouvelle reine s'incarne à partir de celui d'un taureau ou d'un cheval ; dans l'utilisation du jeûne pour obtenir réparation d'une injustice ; dans la place faite aux femmes qui jouissaient d'un statut d'égalité avec les hommes (Boadicée en Angleterre, et la légendaire Maeve irlandaise) ; dans la classe sociale des guerriers. Ce rapprochement joue encore dans les formes métriques, celle du Rig Veda, le plus ancien et le plus important des livres sacrés, étant identique à la toute première prosodie irlandaise et galloise. Il joue enfin dans l'étroit contact qui unit le maître à l'élève, un trait caractéristique de l'actuelle vie religieuse indienne et qui constituait un élément essentiel de la tradition orale celtique.

Cette transmission orale permettait de communiquer, dans leurs moindres nuances, les événements importants survenus dans la vie de la tribu. On retrouvait, dans la trame des récits qui les restituaient et les fixaient dans la mémoire, les thèmes rituels tournant autour des dieux : l'attribution d'un nom, la

Le mythe a pour fonction première d'expliquer l'inexplicable.

pierre oraculaire qui criait pendant l'intronisation d'un nouveau roi, les jumeaux divins et le héros-guerrier. Les métamorphoses constantes de ces thèmes, la compénétration aisée du royaume de la réalité sensible et du royaume du surnaturel firent que le monde de l'imagination celtique demeura tangible pendant des milliers d'années de tradition orale. Dans les récits, les êtres divins pouvaient troquer leurs pouvoirs surnaturels contre la vulnérabilité humaine, puis les retrouver – sans même offenser la susceptibilité chrétienne des transcripteurs qui rapportèrent ces légendes. Aussi extraordinaires fussent-elles, ces divinités restaient soumises aux rythmes de la vie terrestre et aux exigences spécifiques du lieu. Chaque province ou région possédait son lieu sacré qui constituait le centre de son univers, et dont le nom révélait le lien entre la terre et le ciel, entre la tribu et sa divinité.

De même qu'aujourd'hui nous sommes confrontés au mystère des temples mayas et des têtes géantes de l'île de Pâques, les Celtes durent s'accommoder de vivre au milieu d'innombrables vestiges de pierre d'une race disparue, dont il est impossible d'évaluer l'influence sur leur sensibilité. Le mythe a pour fonction première d'expliquer l'inexplicable. C'est un courant sous-jacent à ces répétitions

Les combattantes jouissaient d'un statut égal à celui des hommes dans la classe guerrière celtique, comme en témoigne Boadicée, dont la statue se dresse sur la rive nord de la Tamise, à Westminster.

incessantes, à cette accumulation de dieux, de déesses et de héros autour d'un site ancien ou d'un sanctuaire précis. L'attrait traditionnel du centre sacré est ainsi renforcé quand on l'utilise comme lieu habituel de rassemblement, d'arène mythique, où d'importants événements pouvaient venir s'insérer dans la structure permanente du poème et du récit.

« Les frontières de notre esprit sont toujours mouvantes. Et plusieurs esprits peuvent se mélanger et s'interpénétrer... Pour créer ou révéler un seul esprit, une seule énergie. » D'après le poète irlandais W.B. Yeats, il était possible d'évoquer cette énergie unique et la mémoire de la nature par le biais du symbole. L'ancienne tradition sacrée, magique et religieuse de l'Europe occidentale n'a pas de symboles plus imposants que les mystérieux monuments mégalithiques,

tels ceux de Stonehenge (*page ci-contre*). On suppose qu'ils servaient d'observatoires lunaires et solaires, la prévision des solstices, des équinoxes et des éclipses étant essentielle au bon fonctionnement de l'ordre social antique, qui répartissait les individus selon des rythmes cosmiques et des traditions tribales. La première tentative d'explication de ces observatoires géants nous est donnée, sous une forme fabulatrice, par Geoffroy de Montmouth, qui raconte que Merlin aurait été chercher en Irlande ces grands blocs de grès bleuté rapportés jadis d'Afrique par des géants-magiciens. Aujourd'hui encore, malgré toutes les théories et autres tentatives de reconstitution (le gisement moderne de ces pierres le plus proche se trouve à 380 km), les archéologues se sont montrés incapables de déterminer avec exactitude comment les mégalithes avaient été transportés et dressés, et nous ne le saurons probablement jamais.

« Les frontières de notre esprit sont toujours mouvantes
Et plusieurs esprits peuvent se mélanger et s'interpénétrer...
Pour créer ou révéler un seul esprit, une seule énergie. »

←Stonehenge (Wiltshire, Angleterre) dans l'œil d'un objectif *fish-eye* (à 180°). Les mystérieux cercles de pierre étaient à la fois des centres sacrés spirituels et des lieux d'assemblée ordinaires.

Les phénomènes de ce type s'expliquent obligatoirement en termes de profonde nécessité psychique. Au cours de leurs déplacements à travers l'Europe entière, les Celtes eurent en commun avec la plupart des tribus nomades de ne point posséder un panthéon de dieux et de ne faire qu'un avec les éléments et le Grand Esprit. Chaque fois qu'ils se sédentarisaient, leurs poètes et leurs devins amalgamaient les divinités locales à d'autres divinités issues des légendes grecques ou asiatiques, qu'ils modifiaient à leur convenance, afin de les opposer à leurs héros, des guerriers presque humains. De cette façon, les anciens dieux et les traces des rites et du folklore qui s'y rattachaient devenaient partie intégrante d'un univers ancestral rêvé, essentiellement celtique.

Cette compréhension globale et poétique, dont ne saurait répondre une approche archéologique, factuelle

et scientifique, incitait les Celtes à voir dans certains tertres, qui semblaient dégager comme un pouvoir surnaturel, le lieu de résidence de ces êtres de l'autre monde que les Irlandais appelaient les síde. Incarnation d'un état intermédiaire entre ce monde et le suivant, le síde personnifie un thème vital dans l'art et la mythologie celtiques. Pourtant, il était rare de rencontrer les habitants surnaturels de ces lieux sacrés, eux aussi connus sous le nom de síde. Il y en aurait eu de deux sortes : les grands síde brillants et les síde opalescents, éclairés de l'intérieur, en raison des impuretés de ce monde. Avec l'apparition du christianisme, ces entités s'amenuisèrent, au sens propre du terme, et poursuivirent leur existence intermédiaire sous la forme des fées, des farfadets et des banshees du folklore. Leur réalité psychique ne disparut jamais complètement, et les contes de fées et histoires de fantômes, à la fois comiques et terrifiants, occultent les vestiges de l'ancien effroi religieux.

Les grandes chambres funéraires préceltiques étaient recouvertes à l'origine d'un tumulus de terre et de pierres. Pour les Celtes, elles étaient les symboles du mystère de mort et de renaissance.

→ Il se peut que les costumes soient issus d'un monde féérique victorien, mais Richard Dadd faisait appel à une ancienne tradition celtique, quand il représentait les principes animés présents dans la nature sous la forme du « petit peuple » : les anciens dieux qui n'étaient pas totalement oubliés.

Pages 18–19 | Au sommet des collines, le cromlech de Castlerigg, de trente mètres de diamètre, comprend trente-neuf pierres. Les Celtes croyaient qu'il émanait de ces pierres, ainsi que de certains arbres, une énergie particulière ou qu'elles abritaient l'esprit d'un dieu ou d'un héros.

LA TRIPLE DÉESSE

La reconnaissance de l'eau comme principe premier et source originelle, pour des populations mobiles dont la subsistance et la survie dépendaient de ses bienfaits, est exprimée par la consécration des sources des principaux fleuves d'Europe occidentale ; celles-ci devinrent des sanctuaires de la déesse celte de la fertilité. Évoquée par la toponymie celtique, cette consécration est attestée par le grand nombre d'ex-voto – statuettes, crânes, métaux précieux, armes et objets domestiques – découvertes un peu partout en Europe dans les cours d'eau et les sanctuaires situés à leurs sources. La Marne
tire son nom de Matronae, les Trois Mères divines, et la Seine de Sequana, déesse de sa source. En 1964, les fouilles effectuées sur les lieux du sanctuaire de la Seine mirent au jour près de deux cents sculptures et statuettes en bois, certaines intactes, qui indiquaient le caractère sacré qu'eut ce lieu pendant la période romaine. Le nom du Rhin, ainsi que ceux de ses affluents de la rive droite, le Neckar, le Main, la Lahn, la Ruhr et la Lippe, sont également celtiques. En Angleterre, la Severn tire son nom de Sabrina, et la Clyde, de celui de la déesse Clóta, la divine Purificatrice, qui rappelle les légendes de la « Sorcière du Gué ». Celle-ci était une déesse de la mort habituellement rencontrée par le héros condamné, qui sait que sa fin est proche lorsqu'il l'aperçoit occupée à laver ses vêtements tachés de sang.

Toutes les sources sacrées sont protégées par la triple déesse-mère. Ici les Mères (*Matronae*) tiennent des bols pleins en signe de fertilité et d'abondance, mais elles peuvent aussi être des apparitions terrifiantes et redoutables. (*voir p. 33*).

→ Des fouilles situées à proximité des sources de la Seine, en Côte-d'Or, ont mis au jour plus de 200 statuettes de bois sculpté. Datant du Ier siècle apr. J.-C., ces ex-voto représenteraient la divinité elle-même ou le malade venu en pèlerinage.

Le fleuve ou le cours d'eau représente une expression mobile de la Terre-Mère, sans que cela suffise à rendre ses eaux sacrées. C'est la combinaison particulière de diverses propriétés minérales, végétales et volatiles émanant de certaines sources à certaines heures du jour ou de la phase de la Lune qui en crée les pouvoirs régénérateurs. Tout lieu sacré avait son esprit gardien qui veillait sur lui, observait les rites quotidiens selon le cérémonial voulu et pouvait se matérialiser sous la forme d'un chat, d'un oiseau ou d'un poisson, au gré de la déesse. Parfois même, celle-ci apparaissait en sorcière hideuse ou en être de rêve, en fonction des circonstances ou des dispositions du visiteur ou de l'intrus.

→ Une porte en bois dans une allée à St Ambrew's Well, en Cornouailles, dissimule un puits qui fut sacré des milliers d'années durant. À la différence d'un esprit gardien, le visage gravé ne peut changer de forme à volonté.

Un couvercle de puits à l'ornementation en fer forgé, caractéristique du renouveau celtique (ci-dessous), ferme le puits de Chalice Hill, à côté de Glastonbury Tor. Les eaux de cette source sont réputées pour leurs vertus curatives. Les cercles jumeaux entrelacés représentent les mondes intérieur et extérieur superposés.

ST. AMBREWS. WELL

← Les représentations du Janus bifrons celtique incorporent la dualité de leurs mystères. Les états intermédiaires – comme le crépuscule – brouillent les frontières entre soi et les autres, entre la veille et le rêve, la nature visible et le monde spiritualo-surnaturel.

Ces lieux étaient des orifices utérins de la Terre-Mère invoquée sous des noms et des aspects différents. Il existe de nombreuses incriptions gallo-romaines adressées à Matronae, la Mère représentée sous la forme de la triade – modèle qui revient souvent dans l'art et la littérature celtiques – chargée d'enfants, de cornes d'abondance et de corbeilles de fruits. Une autre représentation populaire est celle de la déesse Epona, habituellement à cheval et parfois accompagnée d'un poulain ; cette représentation pourrait être à l'origine du récit de Lady Godiva et d'autres légendes relatives au cheval.

Belle, la déesse est aussi impitoyable… [elle] préside à la naissance, à la vie et à la mort : triade de la jeune fille, de l'épouse et de la vieille femme…

Belle, la déesse est aussi impitoyable. La Lune, avec son pouvoir mystérieux sur les marées et les cycles menstruels, constitue le noyau d'un ensemble universel de symboles ; elle préside aux rites nocturnes rattachés à des animaux tels que le chat, le serpent et le loup. La mythologie grecque, comme la mythologie celtique, l'identifie à la triple déesse qui préside à la naissance, à la vie et à la mort : triade de la jeune fille, de l'épouse et de la vieille femme ; Morrígan, Macha et Badh, en Irlande ; Perséphone, Déméter et Hécate, en Grèce. Les anciens Gaulois, dont la théologie a disparu en même temps que leur tradition orale, ont laissé des statues anonymes à deux ou trois têtes, qui s'apparentent étroitement aux symboles celtiques : l'ambiguïté à la Janus et la nature cyclique de la triade.

La caractérisation de la déesse mère-dévoreuse dans le symbolisme celtique – analogue à la sanguinaire Kali des Hindous et à la déesse aztèque Coatlícue – a pour symbole la Sheela-na-nig, dont on retrouve couramment l'effigie sculptée dans la pierre des églises et des châteaux de l'époque médiévale. Habituellement représentée « avec un visage au crâne proéminent de tête de mort hideux, fendu par le rictus d'une bouche énorme, les côtes d'un squelette, en position accroupie et ouvrant à deux mains les lèvres géantes de son sexe », la Sheela-na-nig semble suggérer une liberté sexuelle totale tout en nous rappelant avec humour d'où nous sommes sortis. Ce type d'effigie, insistant sur le spectacle intime et effrayant du mystère de la naissance, et symbolisant le moment où le placenta sanglant est expulsé en même temps que l'apparition d'une vie nouvelle, est révélateur du sens profond qui articule l'humour exacerbé de certaines légendes celtiques.

Dans le récit irlandais la *Destruction de l'hôtel de Da Derga*, la bâtisse symbolise la demeure royale qu'est le corps. À la tombée du jour, trois monstres – la triple déesse sous son aspect de Kali ou de mère-dévoreuse – arrivent à l'une des sept portes et demandent qu'on les fasse entrer. C'est la nuit du nouvel an, Samuhin (ou Hallowe'en), entre minuit et l'aube, ce temps entre les temps, et leur requête ne peut être refusée. Le visage de l'une des sorcières est dit être si laid que si « l'on avait jeté son mufle sur une branche et qu'il y fût resté accroché, sa lèvre inférieure lui pendait jusqu'aux genoux ». La seconde a « les lèvres sur le côté de la tête et une barbe

→ Le Sheela-na-gig se trouve couramment dans les églises et les châteaux irlandais. Son caractère éminemment sexuel se rattache aux fantasmes masculins de la mère dévoreuse. Cette représentation qui rappelle la déesse Kali revient en permanence dans les mythes et les rites indo-européens.

« Si l'on avait jeté son mufle sur une branche et qu'il y fût resté accroché, sa lèvre inférieure lui pendait jusqu'aux genoux ».

qui a poussé jusqu'aux genoux ». Et la triade se complète d'une hideuse créature borgne et unijambiste portant un cochon sous le bras. Nous trouvons ici la description habituelle de l'ancienne race des Fomoré, ces géants de la nuit perpétuellement en guerre contre les Tuatha Dé Danann, les enfants de la déesse.

La progression rituelle du récit et la destruction graduelle de l'hôtel suggèrent également qu'il s'agirait peut-être de la relation symbolique du cérémonial funèbre celtique, au cours duquel les biens, les serviteurs et parfois les membres de la famille étaient rituellement incinérés en même temps que le corps du chef défunt.

Des symboles masculins de la mort et de la renaissance existaient aussi, comme le montrent les énormes dents et le phallus dressé de la tarasque de Noves (voir p. 29). Un tel monstre a peut-être figuré le Crom Cruach, la Créature du Tertre, des rites sanglants de l'ancienne Irlande. Sa puissance duale reflète la croyance celtique selon laquelle le sacrifice humain était essentiel pour assurer la fertilité, un moyen meurtrier, mais vital, pour entretenir le cycle des régénérations.

Source de vie et de mort, la triple déesse préside à la naissance, à l'accouplement et à la mort du roi, son consort terrestre. (Il faut noter que le culte rendu à la déesse indienne Durga comprenait le sacrifice d'un cochon ou d'un verrat, et le roi-prêtre démon qui exécutait le sacrifice représentait la mort. À la fin des fêtes de Kali, on immergeait l'image de Durga pour la protéger des rayons du soleil matinal.) La royauté rituelle semble avoir été l'occasion de sacrifices humains. Dans *The White Goddess*, Robert Graves donne un aperçu de ce rituel tel qu'il apparaît dans les mythes de nombreuses sources européennes ou du Moyen-Orient. Il donne à la victime royale le nom du héros grec Hercule, dont la force et la puissance faisaient le symbole de la vitalité de la vie végétale.

Source de vie et de mort, la triple déesse préside à la naissance, à l'accouplement et à la mort du roi, son consort terrestre.

À la mi-été, vers la fin de son règne annuel, Hercule est mis en état d'ivresse au moyen d'hydromel et conduit au milieu d'un cercle de douze pierres disposées autour d'un chêne. L'arbre a été élagué de façon à former un T. Hercule y est attaché par des liens de saule réunissant les chevilles, les poignets et le cou – de nouveau le chiffre sacré de quatre plus un. Puis il est battu, écorché, énucléé ou castré, empalé sur un pieu de gui et finalement débité en morceaux sur la pierre d'autel. On arrose ensuite de son sang recueilli dans un récipient en pierre la tribu entière. Tous les assistants se partagent le corps du roi défunt pour s'assurer force et fécondité.

Reconnaissable à sa peau de bête et à sa massue, Hercule apparaît sous plusieurs aspects dans l'art et les légendes des terres celtiques. Le Dagdá irlandais, ou Dieu Bon, avec son gourdin qui peut tuer et ramener à la vie, son vêtement fait de la dépouille d'une bête sauvage et sa

→ La Tarasque de Noves dévorant un homme dont un membre jaillit encore de sa gueule, au dos écailleux et aux griffes monstrueuses plantées dans deux têtes sans corps, constitue un puissant emblème de dissuasion. Elle symbolise clairement les fonctions meurtrières de la divinité.

silhouette massive et trapue, présente beaucoup d'affinités avec le personnage d'Hercule ; il en est de même de l'immense forme incisée sur la colline du Géant de Cerne Abbas, en Angleterre. Il a été suggéré que saint Augustin aurait pu abattre une pierre phallique placée sous la main gauche du géant quand le moine arriva pour convertir les païens. De puissantes traditions populaires locales firent perdurer des rites agraires associés à un culte phallique. Les couples sans enfant venaient jadis dormir sur son appendice dressé de 8 mètres de haut pour susciter la fécondité. Quant au périmètre rectangulaire voisin que l'on appelle la « Poêle à frire » ou « l'Anneau », il est encore utilisé pour les danses de mai. La craie était rituellement nettoyée tous les sept ans la veille du 1er mai.

← La représentation herculéenne du géant de Cerne Abbas dresse ses 50 mètres de haut à flanc de colline (Dorset). Dans les années 90, des recherches ont montré qu'il y avait jadis un voile sur le bras gauche et une tête coupée à ses pieds.

Reconnaissable à sa peau de bête et à sa massue, Hercule apparaît sous plusieurs aspects dans l'art et les légendes des terres celtique.

Le respect et la crainte religieuse qui s'attachaient à ces dieux, ainsi que la mémoire profonde des anciens rites agraires, sont à l'origine du défoulement burlesque qui marque le mythe populaire. Dans un récit, le Dagdá, connu jadis comme le Seigneur du Parfait Savoir (ou le Rouge de la Science parfaite), est ignominieusement nourri de bouillie déversée dans un grand trou creusé à même la terre, et de « chèvres et de moutons entiers, de moitiés de porc et de lard en quantité », qu'il doit manger avec une cuillère assez grande pour contenir un homme et une femme couchés l'un à côté de l'autre. Les qualités sexuelles du dieu sont on ne peut plus explicites et ses prouesses jamais mises en doute. Même après un gigantesque repas, il trouve moyen de besogner la fille de son ennemi Tetra, « quoique avec une certaine difficulté », et celle-ci promet en retour de neutraliser son père, « en lui ôtant le sang de son cœur et les reins de son courage ».

L'accouplement du Dagdá avec la déesse Morrígan et son étreinte avec la déesse du fleuve, Boann, qu'il chevauche pendant une nuit de plaisir longue de neuf mois, sont crûment décrits, mais on ne doit y voir que de simples fioritures littéraires à l'union rituelle entre

◄— Une grossière figure phallique en bois peut représenter le fidèle ou le dieu. Les dieux et les héros celtiques étaient fièrement priapiques et ils étaient célébrés pour leurs appétences en matière de femmes, de nourritures et de combats.

La déesse-mère centrale a le rictus sage et menaçant de la Gorgone, sa position de fuite évoque la svastika, mais les Celtes savaient aussi se moquer de leurs dieux dans des récits tapageurs et grivois.

Le respect et la crainte religieuse qui s'attachaient à ces dieux... sont à l'origine du défoulement burlesque qui marque le mythe populaire.

deux formes originelles de la divinité élémentaire. L'une des fonctions du mythe et de la légende populaires est de conjurer la terreur psychique qu'elles inspirent en les ramenant au rang de figures comiques grossières. Dans les récits irlandais, ces réminiscences sont généralement extrapolées en joyeuses descriptions de leurs attributs divins, exprimés en termes de nourriture et de sexe.

L'ancienne tradition qui fait du peuple le gardien de la terre, et du sol, la propriété de la tribu tout entière et, par procuration, de la divinité, se reflète dans la diversité des noms de lieux celtiques qui tirent leur origine de Lug, dieu du Soleil. Son nom peut être rattaché au latin *lux* (lumière) ou *lucus* (bois). Laon et Lyon, en France, Leyde, en Hollande, Carlisle (Caer Lugubalion), en Grande-Bretagne, auraient la même origine. Le lugnasad, ou assemblée de Lug, l'une des grandes fêtes ludiques irlandaises, se célébrait le 1er août en l'honneur de ce dieu. D'autres dieux, tels Bel, Don et Og, personnifiaient également les pouvoirs surnaturels pour les tribus celtiques éparpillées dans toutes les vallées fluviales et les régions de montagnes du nord de l'Europe. Mais c'est Lug qui constitue le maillon essentiel reliant les toponymes,

→ Un jeune prince celtique enterré à Glauberg (Allemagne) était gardé par quatre statues de grès, dont une a survécu parfaitement intacte. Ce guerrier en armes et vêtures montre des détails ordinairement perdus par la biodégradation.

Pages 36–37 | Le cou de cette sculpture à la « Janus » est pris dans le bec d'une oie. Cet animal appartenait au pilier d'un sanctuaire gaulois dont le portique était sculpté de têtes d'oie et de cheval, ces deux animaux étant consacrés au dieu de la guerre.

Le corps principal de ces récits tourne autour de l'incarnation guerrière des dieux celtiques.

les fêtes, les légendes et les récits irlandais. Le corps principal de ces récits tourne autour de l'incarnation guerrière des dieux celtiques qui reflète la caractéristique dominante de ce groupe tribal tourné vers l'extérieur. Les Irlandais s'identifiaient à leurs dieux, comme les Tuatha Dé Danann, dont le plus grand n'était autre que le Soleil toujours victorieux dans son éternel combat contre les ténèbres. Lug-au-long-bras possédait une lance magique, qui lança des éclairs et rugit comme le tonnerre pendant la bataille de Moytura, livrée près de Lough Arrow, comté de Sligo, au cours de laquelle il délivra les Tuatha Dé Danann des Fomoré, les « spectres sous-marins », les démons à un œil de la nuit.

Avant la bataille, Lug demande d'être admis dans la forteresse et déclare tour à tour être forgeron, guerrier, joueur de harpe, bronzier. Lorsqu'il gagne une partie de jeu d'échecs, Nuada, roi des Tuatha, le fait entrer et le charge de défendre l'Irlande. Les préparatifs en vue de la bataille montrent les

héros légendaires et leurs attributs sociaux spécifiques : Goibniu, le forgeron qui peut fabriquer n'importe quelle arme ; Diancecth, le médecin qui a fait un bras d'argent pour le roi Nuada et qui peut guérir n'importe quelle blessure ; Credné, le bronzier, fournit les rivets des lances, les gardes des épées, les ombons et les tours des boucliers ; le Dagdá lui-même est muni de sa célèbre massue, de son chaudron d'abondance qui ne saurait laisser quelqu'un insatisfait et de sa harpe qui peut jouer sur trois modes : les refrains du sommeil, des pleurs et de la gaieté.

Au cours de la bataille, Lug, s'aidant d'une pierre de sa fronde, fait sortir l'œil unique de la tête du roi des

Les Celtes modifièrent l'art militaire traditionnel du Ier millénaire av. J.-C. par l'apport de leurs longues épées de fer à tranchants rectilignes, leur technique de combat au javelot, lancé de chars rapides à deux chevaux, et leur utilisation de cavaliers nus et hurlants, qui créaient terreur et confusion.

→ Leur habileté à fabriquer des instruments très variés à partir du fer leur permit de défricher de vastes territoires dans toute l'Europe du Nord.

« Je suis ton père de l'Au-delà, Lug,
fils d'Ethlin. Dors un peu, Cûchulainn...
et je m'occuperai d'eux pendant ce temps ».

Fomoré, Balor. L'œil tombe sur les Fomoré qui meurent en grand nombre ; le restant des pirates s'enfuit en bateau et ces créatures « à un œil, une jambe et un bras » cesseront désormais d'être une menace. Le grand récit épique du *Táin Bó Cúalgne* (*La Razzia des bœufs* de Cualgné) montre le héros guerrier Cûchulainn défendant d'une seule main la Province du Nord contre « les hommes d'Irlande ». Dans l'un des épisodes, le champion, sérieusement blessé, et qui a besoin d'un répit, voit le dieu du Soleil, Lug, lui apparaître, marchant d'un air serein au milieu du carnage de la bataille. « Qui es-tu? », demande Cûchulainn au guerrier fantôme. « Je suis ton père de l'Au-delà, Lug, fils d'Ethlin. Dors un peu, Cûchulainn », lui répond le guerrier étincelant, « et je m'occuperai d'eux pendant ce temps ». Il examine chacune des blessures, qui guérit aussitôt. Puis il chante « l'air lent des hommes » et Cûchulainn s'endort.

C'est de cette préparation à l'instant suprême, depuis les premières minutes de son initiation, que le guerrier celte tirait son orgueil et sa témérité.

Être un guerrier parmi les guerriers était l'idéal de vie du Celte ; mais mourir au combat entouré d'amis, de poètes et d'une centaine d'ennemis morts représentait l'achèvement suprême. L'esprit occidental moderne comprend mal cette attitude à l'égard de la mort et de la réincarnation. Le libre flux de conscience est essentiellement perçu en termes de « royaume du néant » dont la vie constitue le pivot. Et comme le disait le Bouddha évoquant son extase sous l'arbre de l'Illumination à Bénarès : « La cause de la vie... est la mort. »

C'est de cette préparation à l'instant suprême, depuis les premières minutes de son initiation, que le guerrier celte tirait son orgueil et sa témérité. Ces qualités furent remarquées et commentées par tous les écrivains classiques, grecs et romains, qui mentionnèrent également l'amour des Celtes pour le combat et leur simplicité devant la mort. Dans l'épopée de Cûchulainn, le dieu du Soleil se matérialise pour assumer les fonctions du guerrier qui, parce qu'il reste mort pendant trois jours, peut redevenir mortel. Dans cet état de bardo, il passera par les trois mondes mystiques de la vie de l'Au-delà celtique : du corps terrestre à l'esprit physique, puis à la radieuse lumière de l'âme où le Soleil lui-même est présent. Pendant

← Le curieux capuchon qui coiffe cette tête de guerrier gaulois serait soit un casque stylisé, soit un fragment de niche funéraire, ou une sorte de figuration du placenta qui présage la renaissance.

son sommeil, Cûchulainn ne fait qu'un avec sa propre lumière matérialisée, et il habite les trois mondes en même temps.

Par cette réciprocité, il est suggéré que le combattant mortel et le champion divin ne font quasiment qu'un : ils sont les deux tranchants d'une même épée. Comme les têtes de Janus des pages 36-37 aux cous emprisonnés dans le bec de l'oie de la guerre, le guerrier cosmique regarde simultanément les mondes des vivants et celui des morts, et il combat avec l'énergie du mortel et la bravoure intrépide de l'immortel. La massue du Dagda tue avec une de ses extrémités et fait renaître de l'autre avec une égale facilité. Au moins une des tribus du nord de la Bretagne insulaire enveloppait la tête de ses défunts dans une capuche ressemblant à un placenta de renaissance, transformant la sépulture elle-même d'une tombe fermée en une chambre prénatale.

Figure historique peut-être..., Arthur existe avant tout comme héros mythique : il est un guerrier solaire immortel.

Cette osmose entre le héros guerrier humain et son archétype de l'Autre Monde, le dieu du Soleil, revient fréquemment dans tous les récits celtiques. C'est la clef des mystères celtes, la fusion du spirituel, du sensible et de l'imaginaire. L'accent que mettra plus tard le christianisme sur la dualité entre ténèbres et lumière, corps et âme, réalité présente et diverses possibilités de l'espace-temps, était inconnu des Celtes ; il explique, entre autres, bon nombre de confusions relatives à la légende arthurienne.

Figure historique peut-être, possible chef militaire anglais du VIe siècle, Arthur existe avant tout comme héros mythique : il est un guerrier solaire immortel, assurément le plus populaire et le plus romantique des héros celtes du Soleil. Les anciens mythes se regroupent autour de son nom pour constituer le cycle arthurien, série de récits épiques médiévaux qui continuent d'exercer sur nous la même fascination. La survivance du nom d'Arthur dans la toponymie anglaise ou bretonne reprend la tradition européenne de Lug et d'autres héros celtes. La métamorphose de Merlin, d'abord enfant prodige de sept ans qui confond les prêtres druidiques en faisant disparaître deux dragons d'eau qui sapaient les

→ La légende arthurienne a inspiré des générations de conteurs depuis les grands poètes du Moyen Âge, jusqu'à aujourd'hui. La vêture médiévale et la mise en scène chrétienne de cette enluminure montrent à quel point le mythe s'est transformé à partir de ses racines celtiques païennes.

rel et il le mit sus·

Et quant il li ot mise si le sacre-
rent et enoinsissent et enfisent
toutes iceles coses que on doit
faire a roi · et quant il fu sacres et

fondations d'une forteresse royale, puis sorcier et mentor du nouvel archétype solaire, est un thème courant.

Fils d'Uther Pendragon, Arthur est mythiquement lié à saint Michel en tant que Seigneur de Lumière, victorieux de la puissance du dragon, c'est-à-dire celle des ténèbres. En retour, saint Michel qui, sur certaines croix en pierre irlandaises, tient les plateaux de la balance et pèse les âmes, devient une réincarnation du dieu égyptien Thoth. Dans la tradition islamique, Michel est l'ange à qui Dieu donne la maîtrise de l'univers de la pluie et du vent. Et dans un contexte celtique qui ignore la dualité chrétienne séparant les forces du bien et du mal, Michel est une entité solaire représentant la force originelle qui assure l'équilibre des éléments angéliques et terrestres de sa propre nature.

→ Ce Picte féroce, représenté de manière fantasmatique, aurait espéré acquérir les pouvoirs des bêtes dont les têtes ornaient son corps nu. Dédié à la déesse Terre, la couleur bleue avait une importance particulière dans tout le monde celtique.

Les mystères celtes s'élaborèrent dans le flux d'états intermédiaires, tel le crépuscule entre la lumière et l'obscurité, le jour et la nuit, ou la rosée qui n'est ni pluie ni embruns, ni fleuve ni eau de source ; ils utilisèrent le gui sacré, qui n'est ni plante ni arbre. Le guerrier fantôme du síde, « homme né d'aucune femme », dit à Cûchulainn de dormir, « car on n'a pas de pouvoir sur ta vie pendant ce temps ». Dans l'état de bardo, le héros n'est ni mort ni éveillé ; comme Arthur endormi à l'abri d'une colline, c'est un « roi de jadis et de demain », rituellement immobilisé comme incarnation cosmique de l'ancien état de rêve.

Les frontières de ce flux attendu, peuplé de présages, de signes et de manifestations extraordinaires, restaient floues ; le guerrier pouvait y confronter sa propre existence. Les constantes de ce style de vie, qu'énumère dans ses enseignements le sage indien Don Juan, se caractérisent par quatre qualités. Le guerrier doit être respectueux, il doit avoir conscience de la peur, être toujours pleinement éveillé et avoir confiance en lui-même. Son initiation terminée, l'attitude spécifique du guerrier face au danger peut être évoquée en termes de « vigilance vis-à-vis du virtuel ».

Pour Cûchulainn, cet état s'extériorisait de façon peu ordinaire, c'était presque un état épileptique, qui se manifestait par des convulsions spasmodiques dont les

implications phalliques semblent claires. « Il gonfla et s'enfla comme une vessie pleine d'air et se plia en un arc redoutable et hideux, marbré et terrifiant. » À l'occasion d'un de ces états de furie et de rage, il capture un cerf, l'attache derrière son char, puis, précédé d'un troupeau de cygnes captifs, trois têtes dégoulinantes de sang à la main, il fait plusieurs fois, à toute allure, le tour de la forteresse royale en levant la main gauche dans un geste caractéristique de défi et d'injure. Le roi envoie son épouse accompagnée d'autres femmes, nues, portant une cuve d'eau froide, pour calmer le

---

« Il gonfla et s'enfla comme une vessie pleine d'air et se plia en un arc redoutable et hideux, marbré et terrifiant. »

---

guerrier. « La cuve vola en morceaux autour de lui. Elles le plongèrent dans une autre cuve dont l'eau bouillonna de bulles de la taille du poing. On l'installa finale-ment dans une troisième cuve dont il réchauffa l'eau jusqu'à ce qu'elle fût tiède. Puis il en sortit, et la reine Mugain lui donna un manteau bleu orné d'une broche d'argent pour qu'il s'en enveloppât et une tunique à capuche. »

L'imagerie sexuelle était aussi importante dans le mythe et l'art celtique que les monolithes représentant de grossières têtes rondes qui ont survécu dans toute l'Europe. La massue du Dagda est comparée – et parfois identifiée comme telle – à un appendice sexuel surdimensionné, visible à travers ou sous son vêtement trop court. Quant à son appétence pour les femmes et la nourriture, elle a déjà été mentionnée. Dans le *Táin Bó Cúalgne* (*La Razzia des vaches de Cooley*), Cúchulainn déjoue les desseins du roi Ailill en projetant contre ses deux émissaires, sa fille et son fou, des pierres levées, depuis appelées « la Pierre de Finnabair » et « la Pierre du Fou ». Bien d'autres monolithes ou piliers préhistoriques doivent leurs noms à de semblables récits.

Le guerrier celte entretenait sa force par le sang et les festins. Les razzias de troupeaux, telle celle des bœufs de *Cualgné*, constituaient la cause principale d'escarmouches. Lors des festins, les guerriers rivalisaient en défis de tout genre pour avoir l'honneur de découper le premier morceau. Après de nombreuses discussions autour du porc de Mac Dá Thó, Cét Mac Magach s'assied, couteau

← Comme dans de nombreuses cultures, les prouesses sexuelles et martiales étaient intimement liées. Le symbolisme est partout présent dans l'univers celtique des mégalithes préhistoriques, dont les noms portent souvent la trace de l'humour grotesque et rude.

en main, pour couper le « morceau du héros » et met au défi n'importe quel guerrier du Nord de lui contester le droit de se servir. L'un après l'autre, les participants se lèvent, mais ils sont mis en pièces par Cét qui ne cesse de leur prodiguer ses injures ironiques ; les autres battent en retraite. Cét les insulte en inventoriant leurs échecs et leurs défauts : l'un est aveugle, l'autre a perdu ses testicules la dernière fois qu'ils ont combattu ensemble, et le fils du roi, surnommé le « Bègue de Macha », doit son surnom à une blessure à la gorge qu'il lui a infligée. Cét s'apprête enfin à découper le porc lorsque Conall le Victorieux, l'un des plus grands héros de l'Ulster, pénètre dans la salle. Cét et Conall se complimentent sur leur bravoure

« "Mais il y est", dit Conall, saisissant la tête d'Anluan à sa ceinture, et il la jeta à la poitrine de Cét, si bien que le sang jaillit de sa bouche. »

mutuelle, puis Conall intime à Cét l'ordre de laisser le porc. Depuis qu'il est en âge de porter les armes, lui dit-il, il ne s'est pas passé de jour sans qu'il tue un homme de Connaught et ne dorme, la tête de sa victime sous les genoux. « C'est vrai, dit Cét, tu es meilleur guerrier que moi. Si Anluan était dans la maison, il saurait te répondre. Il est dommage pour nous qu'il ne soit pas ici. »

« "Mais il y est", dit Conall, saisissant la tête d'Anluan à sa ceinture, et il la jeta à la poitrine de Cét, si bien que le sang jaillit de sa bouche. »

Posidonios, le philosophe stoïcien grec qui parcourut la Gaule au IIe siècle av. J.-C., rencontra les guerriers-chasseurs de crânes celtes : « Lorsqu'ils quittent la bataille, les cavaliers suspendent les têtes de leurs ennemis au cou de leurs chevaux, ou les clouent à la charpente de leurs maisons comme des trophées de chasse. » Comme beaucoup d'anthropologues, Posidonios éprouva d'abord un sentiment de répulsion, puis le spectacle lui devint suffisamment familier pour qu'il pût

→ Pour les Celtes, la tête humaine constituait la source suprême de puissance spirituelle. Le motif émaillé de trois couleurs est inséré dans un dessin géométrique ; il est symboliquement unifié dans le Centre mystique. Des objets semblables à cette anse de bol irlandais étaient souvent décorés de symboles.

La récolte et la comparaison des crânes semble avoir été le passe-temps favori de la plupart des guerriers…

en parler en termes objectifs. Livius décrit également une cérémonie au cours de laquelle la tête d'un chef de clan ennemi était déposée dans un temple – le souvenir d'un usage selon lequel on sertissait d'or les crânes pour les utiliser ensuite comme coupes. Diodore et Strabon mentionnent une autre coutume celtique : on embaumait les têtes des ennemis de qualité avec de l'huile de cèdre et on les montrait avec beaucoup de fierté aux visiteurs. La récolte et la comparaison des crânes semble avoir été le passe-temps favori de la plupart des guerriers, spécialement quand il s'agissait de contester le « morceau du héros » : « Pour leurs festins, ils ont des foyers avec de grands feux et de larges chaudrons, et des broches garnies de quartiers de viande, et certains des participants commencent à discuter et se provoquent en combat singulier ; ils se moquent de la mort. » Pour une fois, auteurs classiques et poètes irlandais disent la même chose.

Il n'était pas nécessaire que les crânes soient toujours vrais. Sur cet ornement de chevaux en argent repoussé, de petites têtes-trophées entourent une bossette centrale par groupes de huit, neuf et onze.

← L'art et les récits celtiques reflètent une véritable fascination pour la tête humaine : les crânes insérés dans les piliers de ce temple gaulois jouaient un double rôle de concentration de pouvoirs et de protection contre les dangers surnaturels.

CHAMANS ET RITES

Le lien entre les druides et le chêne, le gui et les festivités annuelles de Stonehenge vient probablement de la connaissance populaire que détenait ce puissant groupe de prêtres, d'administrateurs et de poètes. La vénération qu'il portait aux « bois de chênes sacrés », le rite de la cueillette du gui, ainsi que d'autres cérémonials au cœur des forêts ou au sommet des collines, – « en l'absence de temples » –, appartenaient à la croyance animiste largement répandue qui faisait des arbres, de même que des mégalithes, la personnification des esprits des ancêtres disparus et les identifiait aux forces de la nature. Les druides étaient des chamans. Par un processus d'initiation personnelle et une succession d'états de transe, ils avaient accès à l'Autre Monde et pouvaient, de ce fait, représenter chaque monde à l'intérieur de l'autre.

Sur la base arrondie de ce chaudron, un dieu-guerrier ou un prêtre immole un taureau géant. Dans les anciens sacrifices de cerfs, de taureaux ou de chevaux, le roi communiait au pouvoir divin.

Nous connaissons d'après les sculptures romaines le dieu cornu Cernunnos, qui trouve son origine dans le groupe de divinités définies par les anthropologues comme étant les « seigneurs des animaux ». Dieu de la chasse, Cernunnos avait le gibier en son pouvoir. On le retrouve dans le folklore anglais sous le nom de « Herne le Chasseur », et Shakespeare mentionne le chêne qui lui était consacré dans la forêt de Windsor. L'idée d'un chasseur cornu existe à un niveau plus profond du mythe ; des peintures rupestres montrent un homme vêtu d'une peau de bête sauvage. Le chasseur s'identifiait au cerf, il en faisait le symbole ancestral du clan afin de s'approprier sa vertu dominante. Mystère très ancien, qui déborde du strict cadre celtique, et dans lequel le chasseur et sa proie se confondent.

Sur ce même chaudron, le dieu cornu Cernunnos affirme son pouvoir sur l'animal qui lui est consacré, le cerf. À la suite du roi, la tribu devait rituellement consommer le cerf, le taureau ou le cheval pour absorber la force et la sagesse de l'animal-dieu.

Pages 54–55 | Rien ne prouve, du strict point de vue archéologique, que Stonehenge ait été un lieu de culte celtique, mais on ne peut nier la fascination exercée sur les Celtes par les monuments mégalithiques. Nous voyons ici une reconstitution imaginaire, qui fait appel à l'imagerie tirée d'un fonds européen commun de traditions culturelles.

Les métamorphoses totémiques qui permettent à l'homme de prendre sa nature animale – taureau, cerf, cheval, sanglier, chat, oiseau ou poisson – constituent l'un des traits caractéristiques des récits celtiques. On a de tout temps reconnu à certains individus le don particulier de puiser aux sources cachées du pouvoir et d'élargir les frontières du conscient au moyen de rites strictement observés. Ces êtres pénètrent dans un état de rêve collectif où le passé et le présent, la réalité physique et la réalité psychique fusionnent pour jeter un pont entre les composantes divine et humaine de l'homme. Dans toutes les sociétés nomades, ce sont les chamans.

← Le Cheval blanc d'Uffington indique que ce lieu était consacré à un animal-dieu celtique et qu'il s'y déroulait probablement à date fixe des jeux rituels et des assemblées tribales.

← *Page ci-contre, en bas* | Le graphisme de nombreuses monnaies anciennes celtiques s'apparente nettement à celui du cheval d'Uffington. L'avers porte en général la tête et le nom d'un roi.

En raison de cette identification avec les esprits et les forces de la nature, l'écrivain grec Sotion rapproche les druides des mages iraniens et des brahmanes de l'Inde ; bien qu'à l'origine de l'étude de la philosophie, ils ne peuvent formuler celle-ci que par des énigmes. Peut-être l'écrivain se référait-il à l'utilisation de la triade comme système mnémotechnique. Par exemple, les triades de l'Irlande : « Quelles sont les trois créatures muettes qui donnent le savoir à tous? La réponse est simple : l'œil, l'esprit, la lettre. » Ces « devinettes » constituent encore de nos jours un excellent véhicule d'information chez l'enfant. Le poète celte devait connaître par cœur des centaines de récits ; cette méthode question-réponse était l'épreuve qui révélait sa virtuosité, sa rapidité d'esprit et son art oratoire. Dans un récit irlandais, le *Colloque des deux Sages*, le plus âgé des deux, Firchertne, demande son nom à l'autre, Néde. Celui-ci, affublé d'une fausse barbe pour paraître plus âgé et qui s'est installé sur le siège de Firchertne, répond : *Ni ansa, robec, romor rothet rochtot* (« La réponse est simple : très petit, très grand, très malin, très brillant »), et poursuit par un « discours » qui était probablement à l'origine un chant druidique d'initiation ou de désignation :

Colère de feu
feu du discours
souffle du savoir
sagesse de richesse
épée du chant
chant de l'âpreté

À la fin d'une longue suite de ces jeux verbaux où les deux sages communiquent uniquement par « devinettes », comme l'écrit Sotion, Firchertne est interrogé sur l'avenir et répond par une prophétie de sept pages annonçant les tribulations qui marqueront la fin du monde.

La structure de ce dialogue reprend peut-être le schéma de l'examen oral qui se déroulait au cours de la septième année de formation bardique, mais son origine remonte certainement à une époque plus lointaine. Les énigmes et le jeu complexe des mots ne figurent que pour rappeler l'origine de tous les mystères sacrés : le Souffle ou l'Essence du Monde. Il est significatif que ce type de duel verbal apparaisse fréquemment dans les cultures à survivance chamanique ; les deux hommes se provoquent mutuellement, afin de parvenir à un degré intense d'excitation qui permettra au plus âgé des deux d'énoncer la prophétie tribale. À la fin du colloque, Néde s'agenouille devant son aîné et lui dit : « Firchertne est un grand poète et un grand prophète. »

L'identité chamanique avec les animaux s'exprimait nettement dans les rites celtiques, même à l'ère chrétienne. En 1185 apr. J.-C., l'historien gallois Giraud de Cambrie fut horrifié par ce qu'il qualifiait de « rite de couronnement barbare

→ Le cheval, essentiel pour les peuples nomades en temps de paix comme en période de guerre, était souvent brûlé avec son maître défunt. Ce chariot représente le soleil en tant que roi-guerrier céleste tiré à travers le ciel.

Le guerrier celte avait la notion de sa « prédestination » et voyait dans la mort « le point central d'une longue vie ».

et abominable ». Ce rite, pratiqué par un clan de l'Ulster, est évoqué avec précision dans sa *Description d'Irlande* : « Après que toute la population s'est réunie en un même lieu, on amène au milieu de l'assemblée une jument blanche. Celui que l'on va élever non à la dignité de roi mais à celle de bête, non au rang de roi mais à celui de criminel, s'avance alors, et, sous les yeux de tous, aussi impudemment qu'imprudemment, fait lui-même acte de bête brute. On tue aussitôt la jument, on la fait bouillir par morceaux dans de l'eau, avec laquelle on prépare un bain au roi. Il s'y plonge et mange les pièces de cette viande qu'on lui apporte, tandis que le peuple en mange avec lui. Il boit aussi du bouillon dans lequel il baigne, non avec une coupe, ni avec la main, mais à même la bouche. Ceci accompli, selon le rite mais contrairement au droit, sa souveraineté et son autorité sont consacrées. »

Ce rite est à rapprocher de l'*ašvamedha* hindou, un sacrifice qui voit la reine accomplir le rite. Elle se soumet à un simulacre d'union avec un étalon, que le prêtre explique par un commentaire liturgique sans détours. Puis l'étalon est découpé et le cérémonial se poursuit selon un déroulement pratiquement analogue à celui qui vient d'être décrit. En Inde, la reine s'unit à l'incarnation animale de la fertilité ; en Irlande, le rite était accompli par le roi avec l'incarnation femelle de ce même pouvoir. Ces rites appartiennent aux niveaux les plus anciens de la conscience indo-européenne ; ils remontent à ce temps où l'homme et l'animal vivaient en étroite

harmonie et en totale communication, et où les grandes assemblées tribales permettaient, au lien significatif qui unissait la terre à ceux qui la peuplaient, de se manifester pleinement.

Le guerrier celte avait la notion de sa « prédestination » et voyait dans la mort « le point central d'une longue vie ». La mort d'un roi ou d'un chef de clan constituait toujours pour la tribu l'occasion de se rassembler pour l'incinération rituelle, de rappeler les hauts faits du défunt et de se livrer sans réserve aux jeux funéraires. César dit des Celtes que « leurs rites funéraires sont splendides et coûteux, et on jette au feu tout ce qu'on pense leur avoir été cher pendant leur vie, même des animaux. Et, à la précédente génération, les esclaves et les domestiques qu'ils aimaient étaient enterrés avec eux selon leurs coutumes ». Ce que confirme Pomponius Mela : « Ils brûlent et enterrent avec les morts tout ce qui leur était utile de leur vivant, et l'on voit des fils se jeter de leur plein gré sur le bûcher funéraire de leurs parents car ils croient qu'ils continueront à vivre ainsi avec eux. »

Les veillées mortuaires irlandaises et les jeux funèbres qui reproduisent des fragments des anciennes pratiques se sont toujours caractérisés par leur vacarme et leur gaieté, leurs nombreuses danses, chansons et rites phalliques soigneusement mimés. « La vie de l'homme est liée à la mort par la reproduction, et seule peut l'alléger une histoire drôle », a-t-on dit avec esprit. La raideur de l'attitude moderne devant la mort est un phénomène probablement unique dans l'histoire de notre planète et souligne tristement le degré de barbarie de notre civilisation.

Le choix et l'intronisation d'un nouveau chef ou d'un roi donnaient lieu à un rituel aussi complexe, coûteux et imposant que les funérailles du disparu. En Irlande, la première règle impérative voulait qu'aucun individu marqué d'une cicatrice quelconque ne pût exercer les fonctions royales. Le roi historique Cormac dut adbiquer lorsqu'il perdit un œil, car il était impensable que la divinité pût s'incarner en un borgne. Le *Livre de la Vache brune*, du XIe siècle, mentionne

→ L'histoire romaine dresse souvent un tableau peu flatteur des Celtes. Ce relief (détail d'un arc de triomphe du sud de la France) exhibe les trophées de guerre pris à l'ennemi.

Ce couvercle de bourse provenant de la sépulture de Sutton-Hoo, représente, à gauche et à droite, le Seigneur des Animaux, un personnage puissant qui incarne cette identification étroite avec la nature sous-tendant de nombreuses croyances anciennes.

Le roi historique Cormac dut adbiquer lorsqu'il perdit un œil, car il était impensable que la divinité pût s'incarner en un borgne.

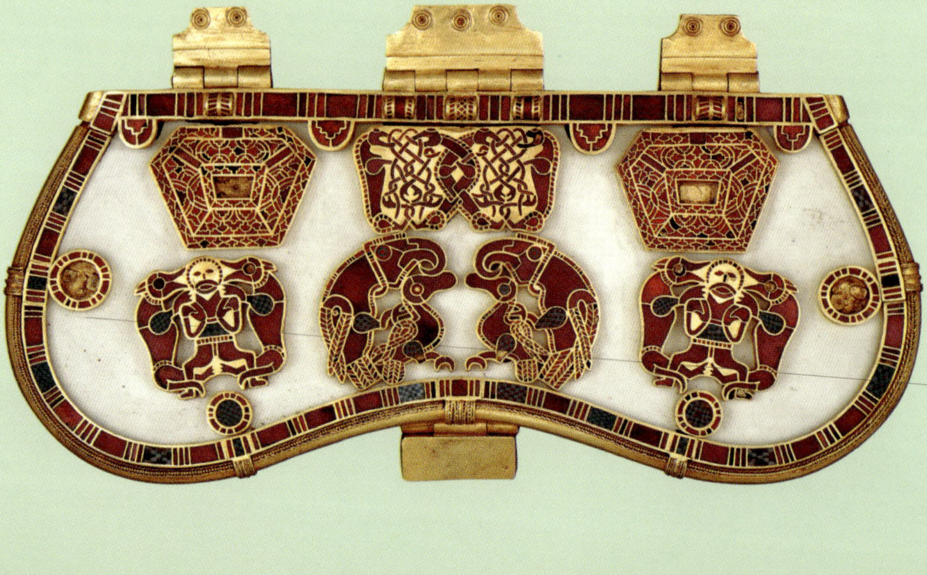

un rituel de sélection du candidat au trône : « Un taureau blanc était tué, et le prêtre-chaman se nourrissait de sa chair et buvait son sang. On chantait un charme sur lui, tandis qu'il gisait, plongé dans un état de transe qui lui faisait voir dans la sphère du rêve la forme et la silhouette de celui qui deviendrait roi. »

Raffinés et policés, les écrivains classiques s'étaient familiarisés avec la « religion naturelle » des barbares. Il semblerait toutefois que leur imagination les ait égarés quand ils se virent confrontés aux immenses forêts du nord de l'Europe et à ces moments où « la nuit noire emplit le ciel », où « le prêtre lui-même craint l'approche du seigneur du taillis et redoute de le surprendre ». Ils se méprirent sur le grand amour de la nature qui sous-tendait la vie des Celtes en tous les domaines. Quelques-uns des plus beaux textes anciens de la poésie celte reflètent cette entente entre l'homme et son environnement sensible. C'est en Irlande que cette poésie, en même temps que les rites, les légendes, les lois et le folklore, a été surtout préservée. En voici un exemple ; il date du IXe siècle apr. J.-C. et l'on y reconnaîtra l'enchaînement habituel des triades :

J'ai des nouvelles pour toi : le cerf brâme, c'est la neige de l'hiver, l'été s'en est allé,
Le vent est fort et froid, le soleil bas, brève est sa course, la mer déferle.
Rouge foncé, la fougère a perdu son dessin ; l'oie sauvage a lancé son cri accoutumé.
Le froid engourdit les ailes des oiseaux ; saison de glace, voilà mes nouvelles.

Les auteurs classiques restent pratiquement muets sur l'aspect social de cette fusion rituelle avec la nature. Le lieu de culte traditionnel était également utilisé pour les réunions et les décisions concernant la tribu, ainsi que pour les jeux, les danses et les fêtes. Le mot celtique *nemeton* restitue cette double attribution des bois dans des toponymes tels que Drunemeton, lieu de réunion du conseil des Galates en Asie mineure ; Medionemeton, en Écosse, ou Nemetobriga, en Gallice.

Le trésor tribal, constitué d'un nombre considérable d'objets en or ou en argent placés sous la protection de la divinité locale, a certainement joué un rôle dans la désacralisation des temples celtes par les Romains. Les autels et les sanctuaires indigènes étaient situés dans les forêts, au bord des lacs, et, plus tard, ils gagnèrent l'intérieur d'édifices, comme le temple de bois de Heathrow, dans le Middlesex, ou le temple de pierre de La Roquepertuse, en Provence. Le site lacustre de Llyn Cerrig Bach (ou Anglesey) renfermait un grand nombre d'armes, de bronzes, de mobilier, d'outils et d'ornements. Ce sanctuaire fut probablement utilisé jusqu'au moment où les Romains détruisirent les bois sacrés de ce centre druidique insulaire, en 60 apr. J.-C. Tacite décrit la scène à laquelle furent confrontés les soldats romains : des bosquets dégorgeant de sang, des prêtres en robes noires hurlants, des femmes hystériques brandissant des brandons. Celle-ci justifia indubitablement la politique impériale d'éradication systématique, par tous les moyens, des chefs de cette opposition.

À l'exemple de tous les anciens peuples, il est probable que les Celtes pratiquèrent des sacrifices humains. Jules César relate l'incinération massive de victimes humaines et animales enfermées dans d'immenses mannequins d'osier ; même s'il est suspect, son témoignage laisse au lecteur une image ineffaçable. En Irlande, dans le *Livre de Leinster* du XIe siècle, l'écho sinistre des rites sanglants exécutés en l'honneur de l'idole géante Crom Cruach, le Seigneur du Tertre ou le Bossu du Tertre, résonne encore dans ces lignes d'un moine anonyme :

→ Cette gravure du XVIIe siècle donne à cette représentation du géant de bois (parfois d'osier) sacrificiel un visage sinistrement impassible, mais elle ne montre aucun prêtre hurlant ou excité.

The Wicker Image.

... En vain frappaient-ils leurs paumes,
martelaient-ils leurs corps,
imploraient en gémissant le monstre qui les asservissait,
leurs larmes coulaient en torrents.
Alignées, les douze idoles en pierre se dressaient,
celle de Crom était en or.

Une autre source nous apprend que, pendant le règne légendaire du roi Tiernmas (XVIe siècle av. J.-C.), « les premiers-nés de chaque clan étaient offerts en sacrifice au dieu Crom », dans la Plaine d'Adoration, à Mag Slecht, comté de Cavan. Strabon (IIe siècle av. J.-C.) rapporte que les druides-augures lisaient les présages en tuant une victime humaine d'un coup de poignard dans le dos et en observant sa façon de tomber, ses convulsions et la manière dont le sang coulait.

D'après Justin, les Celtes étaient plus versés dans l'art de la divination que ne l'étaient tous les autres peuples à la même époque, et ils en suivaient scrupuleusement les conclusions. Ce fut l'envol d'une bande d'oiseaux qui guida les Gaulois lorsqu'ils envahirent l'Illyrie ; à une autre occasion, le vol d'un aigle persuada un roi galate de rentrer d'expédition et lui évita ainsi la défaite. Artémidore rapporte qu'il existait dans un certain port gaulois deux corbeaux aux ailes blanches et noires que l'on utilisait en cas de litige. Les deux parties adverses disposaient des gâteaux sur une planche, chacune d'une facon particulière pour éviter toute confusion ; les corbeaux descendaient en vol plané, mangeaient une partie des gâteaux et dispersaient les autres. L'intéressé dont les gâteaux avaient été éparpillés avait gain de cause.

Les druides pratiquaient l'art de la divination, guettant des signes prophétiques dans la nature ou dans les entrailles de victimes – humaines ou animales – sacrificielles.

← On ne peut sans doute croire sur parole Jules César lorsqu'il parle de cages-bûchers anthropomorphiques, mais le colosse géant embrasé de L'Homme d'osier (*Wicker man*, film de 1973) demeure une image aussi choquante que marquante.

La Razzia des bœufs de Cualgné abonde en anecdotes qui montrent à quel point la divination, la prophétie et la magie en tout genre étaient répandues en Irlande. Le récit entre d'emblée dans le vif du sujet : une reine est assise dans l'herbe, un druide vient à passer et elle lui demande à quoi l'heure présente pourrait

être favorable. « À l'accouplement d'un roi et d'une reine », répond-il. Ne voyant aucun autre mâle dans les parages, la fille s'offre au druide. Comme la plus grande partie du récit consiste à décrire des combats au corps-à-corps, les anciennes méthodes curatives à base d'herbes magiques, d'incantations et de charmes y occupent une place de choix. Dans cette médecine de type homéopathique, un rôle important est donné à la connaissance de mélanges de fragments de racines, de feuilles et de fleurs, dosés de telle savante manière que tous les éléments, même en quantité infime, produisent le résultat voulu. L'époque de l'année, l'heure du jour ou de la nuit et certaines phases de la Lune jugées plus ou moins fastes jouaient également un rôle essentiel dans la médecine druidique.

On accordait aussi à d'autres objets une signification rituelle, comme les pierres trouées situées près de l'entrée de certaines chambres funéraires, qui servaient originellement de passage de renaissance dans les rites funéraires ou initiatiques. Comme dans de très nombreuses traditions anciennes, leur importance perdura sous une forme altérée jusqu'à une date récente. Beaucoup avaient la réputation d'avoir des propriétés curatives : par exemple on faisait passer les enfants à travers le Mên-an-Tol (Cornouailles), pour les guérir du rachitisme. On voit toujours de tels sites comme des lieux de puissance. Pour les Celtes, ils apparaissaient aussi puissants et vivants que les arbres et les sources dont ils vénéraient les esprits-gardiens.

La connaissance des arbres, l'*ogham*, devint partie intégrante d'un langage secret en lequel les divers aspects, qualités et utilisations de ces arbres pouvaient être répétés comme les vers d'une comptine : « Combien y-a-t-il de groupes d'ogham ? Il y en a trois : huit arbres nobles et huit arbres rustres et huit arbrisseaux. » Les huit arbres nobles – bouleau, aulne, saule, chêne, sorbier, coudrier, arbousier, frêne – donnaient les consonnes initiales d'un ancien alphabet codé, le Beth-Luis-Nion, qui pouvait être utilisé comme calendrier des saisons. Il existait plusieurs ogham pour les différentes parties du corps ; c'est ainsi qu'un langage muet utilisait les articulations des doigts comme lettres. Codes dactyles extrêmement précieux dans les salles des festins et lors de banquets qui se prolongeaient une nuit entière, où il fallait toujours veiller à rendre hommage à quelque invité et où primait le protocole du langage parlé.

Car les Celtes aiment le style et portent l'éloquence au pinacle. L'écrivain grec Lucien, qui parcourut la Gaule au IIe siècle av. J.-C., rapporte une scène d'un symbolisme délicat : un vieillard vêtu d'une peau de lion et au sourire étincelant entraîne à sa suite un groupe de disciples dont les oreilles sont

← Les pierres dites percées ou trouées étaient généralement encadrées par des monolithes, leurs opposés symboliques. Ces pierres trouées étaient situées à l'entrée des chambres funéraires préhistoriques ; dans les anciens rites d'initiation, de mort et de renaissance, elles symbolisaient le passage.

Le druide était à la fois chaman, prêtre, poète, médecin, juge et prophète.

Les druides, comme cette pierre tricéphale d'Irelande, faisaient face à plusieurs mondes à la fois : le passé, le présent et le futur, ceux des vivants, de la transe et de la mort. Les doubles et triples têtes en pierre sont l'expression du pouvoir multiface et envahisseur du conscient qui formait l'élément central de la perception que les Celtes avaient du monde.

→ *Page ci-contre, en haut* | Cette pierre du VIe siècle de Ivybridge, Devon, Angleterre, portant une inscription oghamique accompagnée de deux noms irlandais, Fanonus (visible) et Suaqqucos (au revers).

reliées à sa langue par de fines chaînes d'ambre et d'or. Tous le suivent avec enthousiasme, font son éloge et dansent autour de lui. Lucien nous explique que le vieil homme, nommé Ogmios (écho de l'*ogham* druidique), représentait l'éloquence dont la force croissait avec l'âge et l'emportait sur la force brute symbolisée par la peau de lion d'Hercule.

Le druide était à la fois chaman, prêtre, poète, médecin, juge et prophète. Son initiation comportait plusieurs stades. Ainsi, la formation d'un barde irlandais, ou *file*, comprenait la versification, la composition et la narration des récits, l'étude de la grammaire, de l'*ogham*, de la philosophie et de la loi. Les sept années suivantes étaient consacrées à des études plus spécialisées, entre autres celle de la langue secrète des poètes, lorsque le *file* devenait *ollamh*. Il lui était alors permis de s'initier à la connaissance de la généalogie et à celle des événements et des lois énoncés sous une forme poétique, afin d'accéder au rang de juriste. Enfin, « l'homme de savoir » abordait l'étude des incantations, de la divination et des pratiques magiques. « Ainsi, tout druide est barde, bien que tous les bardes n'aspirent pas à être druides. »

Lorsqu'il étudie le corps sacerdotal gaulois, César le répartit en trois groupes : « Les vates pratiquaient la divination et étudiaient la philosophie naturelle. Les bardes célébraient en vers les hauts faits des dieux. Les druides se réservaient le culte des dieux, la bonne exécution des sacrifices privés ou publics et l'interprétation des problèmes rituels. » Ce dernier groupe détenait apparemment un pouvoir absolu, car, toujours selon les observations de César, le plus grand châtiment qui pouvait frapper un individu ou une famille consistait à être exclu des sacrifices.

Dans la société celtique, une exclusion de ce genre exigeait un cérémonial solennel. On trouve dans le *Livre de Ballymote* l'énoncé des sanctions rituelles dont disposait un poète si un roi refusait de récompenser son poème en bonne et due forme. « Après une période de jeûne sur les terres du roi, il était possible de convoquer un conseil des quatre-vingt-dix qui émettait un jugement ; si le conseil décidait qu'il était encore plus criminel de protéger le roi contre le ridicule ou la malédiction, le poète pouvait poursuivre son action selon les modalités du rite. Au lever du soleil, lui et six autres poètes se tiendraient au sommet d'une colline à la frontière de sept royaumes. Chaque poète tournerait son visage vers sa propre terre et l'*ollamh* ou le plus âgé du plus haut grade regarderait vers la terre du roi. Le dos contre l'aubépine de la colline, une épine de ce buisson et une pierre de fronde dans la main, le vent soufflant du nord, chaque poète à la suite de l'*ollamh* d'abord, puis avec les autres ensuite, chanterait une incantation sur la pierre et l'épine, puis déposerait celles-ci au pied de l'arbuste. S'ils étaient dans l'erreur, le sol de la colline les engloutirait. Mais si leur pouvoir magique était assez fort, la terre avalerait le roi, sa femme et ses fils, ses chevaux et ses chiens courants, ses armes et ses vêtements.

Il est surprenant que le druide lui-même, le membre le plus puissant de la hiérarchie, ne soit jamais mentionné – sauf par dérision – dans les textes écrits irlandais. L'attitude des missionnaires chrétiens, qui s'opposaient à ce qu'ils fussent

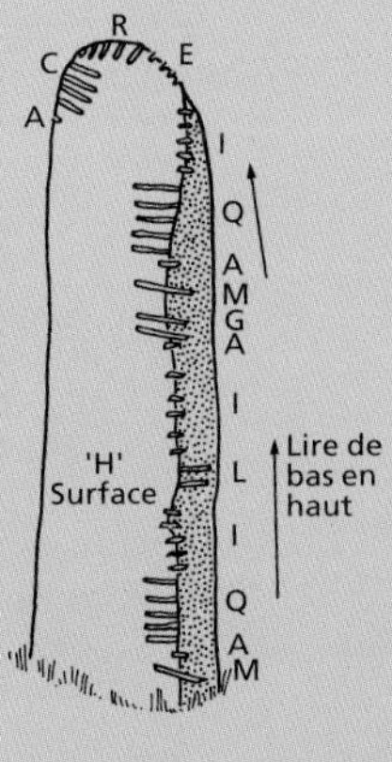

Dessin ci-dessus sur une pierre provenant de la tombe de Maquiliaq, fils d'Erca, comté de Kerry, Irlande. L'alphabet oghamique est difficile à déchiffrer même avec une clé comme celle présentée ci-contre.

les prêtres des populations indigènes, aiderait à expliquer nombre des anomalies propres aux récits irlandais. Il semblerait qu'on ait délibérément supprimé tout ce qui touchait à la religion ou à l'exercice des fonctions sacerdotales. On peut évidemment penser que, lorsqu'au IXe siècle les moines irlandais commencèrent à mettre par écrit une tradition jusque-là orale, la religion était déjà tombée dans un tel discrédit qu'elle s'estompa définitivement sous la fantaisie inventive des récits eux-mêmes.

Dans les vastes communautés celtiques de l'Europe occidentale (un simple assemblage, en fait, de confédérations assez lâches), les druides demeuraient les détenteurs et les gardiens de la vision prophétique, des sacrifices, de la tradition poétique, du calendrier rituel et des lois, autrement dit des éléments qui assuraient la cohésion des différents groupes. Les traditions rituelles se transmettaient oralement, et, une fois de plus, c'est l'Irlande, pays où le mot écrit ne fut introduit que tardivement dans une société celte intacte, qui constitue la meilleure source d'information.

Cet extrait d'un long poème ancien du *Livre des Droits* donne un aperçu de l'assemblée générale qui se tenait à Tara, en Irlande. Quiconque commettait un acte de violence pendant cette semaine était exécuté, et le roi lui-même n'était pas habilité à lui pardonner. Outre les jeux, les lois constituaient la grande affaire de ce rassemblement. Comme plusieurs codes indiens anciens, elles étaient versifiées et solidement ancrées dans la mémoire de ceux qui veillaient à leur application.

Lorsque le mois de la moisson commence
Après l'assolement de trois ans,
Chaque jour cherchant la gloire du vainqueur,
Les cavaliers montent sept jours durant.
Fixer l'impôt et le tribut,
Examiner les litiges,
Étudier les lois à promulguer :
C'est l'affaire de la foire.

Le juriste principal se tenait près du roi, répétant les lois l'une après l'autre devant un grand rassemblement de druides, de juristes et de poètes. Certaines étaient modifiées ou amendées ; puis les poètes mettaient de nouveau en vers les lois ainsi réduites pour qu'il fût plus facile de les mémoriser.

→ Cette représentation d'un grand druide (Archidruide) en vêtement judiciaire de 1815 montre un personnage habillé quasiment comme son homologue moderne du mouvement néo-druidique, avec une robe blanche, une couronne de feuilles de chêne sur la tête et une lunule du début de l'âge du bronze autour du cou.

Le calendrier de Coligny, de la Gaule au Ier siècle apr. J.-C. montre une tentative pour combiner le calendrier romain avec le cycle rituel celtique de trente-six mois.

Les Celtes utilisaient une méthode extrêmement simple pour incorporer le cycle lunaire mensuel au rythme de la vie biologique : quatre grandes fêtes étaient célébrées tous les trois ans, chacune à neuf mois d'intervalle avec la précédente. Ce cycle rituel de trente-six mois faisait alterner les bons et les mauvais mois selon une subdivision naturelle en ancienne Lune et nouvelle Lune. Le quadruple carré dont le centre est le principe unificateur (clairement symbolisé par le rapport de Tara-centre sacré avec les quatre provinces d'Irlande) peut être regardé comme un mandala illimité en lequel les heures même du jour ont leur signification et leur place dans l'ordre cosmique. Le calendrier de Coligny, une table en bronze dont on a exhumé de nombreux fragments, montre un cycle de soixante-deux mois consécutifs répartis en *mat* (fastes) et en *anm* (néfastes) ; il reflète de toute évidence un système infiniment plus complexe. Toutefois, sa date tardive, Ier siècle apr. J.-C., et la combinaison du système solaire et lunaire romain avec le cycle celtique, essentiellement simple, indiquerait davantage le processus de romanisation qui allait absorber la Gaule celtique.

Le calendrier rituel irlandais commençait avec le grand rassemblement de *samuhin* qui se tenait le Ier novembre. C'était une fête de type pastoral ; les fruits de la récolte étaient engrangés et l'on pratiquait les offrandes aux ancêtres dans un esprit de partage, coutume encore observée en Irlande, où, la veille de la Toussaint (Hallowe'en), on nettoie la maison en laissant de la nourriture pour les esprits familiaux.

Lugnasad, « le souvenir de Lug » ou « le mariage de Lug », constituait la fête principale et se déroulait le Ier août. Les courses de chars et autres jeux furent peut-être inaugurés pour célébrer le sac de Delphes. Rappelons que, dans la ville grecque, les rites du serpent qui s'organisaient autour de la Pythie oraculaire furent interdits par Apollon, le Lug grec, qui institua les célèbres jeux. En Gaule, la foire annuelle de Lugdunum (Lyon) fut modifiée de façon à satisfaire aux exigences du culte rendu à l'empereur Auguste. En Irlande et dans certaines parties de l'Écosse, Lugnasad survit toujours, sous la forme, par exemple, de la foire au bétail de Lammas qui rappelle l'importance de l'élevage chez les Celtes.

Beltene, également appelé cétsamaïn, était célébré le Ier mai et la fertilité de la période printemps-été était symbolisée par les feux de mai entre lesquels on faisait passer le bétail ; quant aux danses, elles reproduisaient rituellement la course du soleil dans le ciel. La danse de l'Arbre de Mai et d'autres rites folkloriques dérivent de cette folle danse de la tribu autour des feux de mai, qui célébrait la résurgence de l'énergie vitale primordiale.

L'*imbolc* du Ier février était associé à la flamme sacrée qui purifiait le sol, encourageant la fertilité et le réveil du soleil après son sommeil hivernal. Ce jour-là, se déroulaient les rites de prédiction et de mariages d'essai. Il y a quelques années encore, garçons et filles se réunissaient à Teltown, comté de Meath ; ils allaient à la rencontre les uns des autres, s'embrassaient et étaient mariés. Ces mariages, que les contractants pouvaient casser l'année suivante en s'éloignant l'un de l'autre de quelques pas, représentaient probablement les derniers vestiges d'anciennes coutumes celtes selon lesquelles la femme était juridiquement aussi libre que l'homme de nouer ou de dénouer une union. La cérémonie des pierres blanches qu'on lance dans le feu, observée dans de nombreuses localités d'Irlande, est un autre rappel des temps anciens qui s'est vidé de son sens au cours des siècles. Des pierres blanches portant les noms ou les marques distinctives de tous les jeunes gens étaient placées dans le grand feu de l'imbolc. Lorsque celui-ci avait fini de brûler et s'était suffisamment refroidi, chacun cherchait sa marque et, dès qu'il l'avait trouvée, s'éloignait à toutes jambes de l'endroit. Le fait de ne pas trouver sa pierre signifiait à l'origine que les dieux du feu avaient jeté leur dévolu sur l'esprit vital du garçon en question, et qu'il aurait l'insigne honneur d'être sacrifié pour la purification et le bien général de toute la tribu.

Pages 74-75 | Les païens modernes célèbrent encore les anciennes fêtes, mais sans les sacrifices sanglants. On a ici une danse rituelle de Beltaine, à Edimbourg, qui exalte les mystères celtiques aussi sauvages que fascinants.

Plus que tout autre peuple d'Europe occidentale, les Celtes ont conservé dans leur culture un sens de la mobilité. Pour la littérature épique, les voyages symbolisent la vie de l'âme et le cycle d'expériences qui lui est dévolu.

Les raisons de l'expansion celtique qui s'est manifestée par vagues successives au cours du Ier millénaire av. J.-C. demeurent obscures. Peut-être doit-on y voir une impulsion religieuse analogue à celle qui se manifestait chez les Indiens Hopi par un constant besoin de mouvement. Leurs pérégrinations partaient du centre sacré et serpentaient dans toute l'Amérique du Nord, en direction des quatre points cardinaux, pour revenir à leur point de départ, en suivant le schéma d'un plan universel de création et de consolidation du monde qui expliquait leurs cérémonies et leurs rites. Tout dépla-cement à partir du centre organisait une vision globale de la vie en laquelle « le récit de nos voyages est une religion au même titre que les cérémonies proprement dites ».

Tout déplacement à partir du centre organisait une vision globale de la vie en laquelle « le récit de nos voyages est une religion au même titre que les cérémonies proprement dites ».

Ce concept éclairerait peut-être leur amour des voyages et des récits. On ne peut nier que l'organisation sociale celtique montre de nombreux points communs avec celle des Hopi. « Un clan se compose de plusieurs familles… les membres de chaque famille étant reliés par filiation matrilinéaire et prenant le nom du clan de la mère. Le nom et les fonctions de la famille n'ont que peu d'importance, seul compte le clan qui détermine la place de l'individu dans l'organisation sociale et religieuse. »

Une grande migration de Celtes qui venaient du sud de l'Allemagne et de Bohême se déplaça vers l'ouest en passant par la Gaule ; il est généralement admis qu'elle atteignit l'Espagne avant 450 av. J.-C. Vers la même époque, un autre groupe franchissait les Alpes, occupait la vallée du Pô et s'aventurait jusqu'à Rome et même en Sicile. En 279 av. J.-C., de nouvelles tribus firent mouvement, vers l'est cette fois, traversèrent la Macédoine,

envahirent la Grèce en passant par la Thrace et la Thessalie et pillèrent le temple de Delphes. On retrouve souvent la présence de mercenaires celtes dans les guerres helléniques du IIIe siècle av. J.-C., et près de vingt mille Celtes émigrèrent en Asie mineure pour s'installer dans une région qui devint plus tard la Galatie. Sur la côte occidentale, le commerce maritime permettait de nombreux échanges entre l'Espagne, l'Armorique, l'Irlande et l'Écosse. La dernière grande migration en Europe du nord fut probablement celle des Belgae, qui s'installèrent dans le sud de l'Angleterre, ainsi qu'en Irlande.

Le dieu de la mer, Manannán Mac Lir, emportait les héros celtes dans un au-delà situé sous la mer. Les sept rames sur chacun des flancs de ce délicat bateau en or représentent les sept orifices du corps.

Tous les voyages légendaires de cet ordre sont éminemment symboliques, comme l'est ce bateau d'or, avec ses sept rames de chaque côté.

La notion de flux et de mouvement faisait partie intégrante des mœurs sociales des tribus celtiques. L'aristocratie et la classe des artisans, des médecins, des poètes, des prêtres et des juristes envoyaient leurs enfants dès le plus jeune âge chez des parents éloignés, afin qu'ils fussent initiés aux divers aspects de l'art militaire, des techniques artisanales et de l'étiquette sociale en général. La coutume de confier les enfants à des parents nourriciers s'exerçait réciproquement dans une vaste zone géographique, et les enfants grandissaient hors du concept étroit des « liens du sang ». Dans le monde celtique, tout élément de comportement social ou religieux était précisé par la loi, et l'on s'acquittait avec exactitude du paiement des pensions. Le taux de celles-ci allait par exemple de trois sét pour le fils d'un homme libre à trente sét (soit quinze vaches tachetées) pour le fils d'un roi. La répartition de la fortune à l'intérieur du large réseau du clan créa une extraordinaire stabilité pendant un millénaire. À certaines périodes, on pouvait observer, nous dit-on, une telle quantité d'échanges commerciaux et de déplacements dans les royaumes celtiques que la mer d'Irlande n'était plus qu'un lac intérieur.

Les premiers écrivains classiques mentionnent fréquemment les régions hyperboréennes situées au-delà des royaumes celtiques ; c'est le paradis où habitait la race d'hommes la plus comblée, car « ils vivent sans querelles et sans maladies aussi longtemps qu'ils le désirent ». Les légendes celtiques abondent en allusions à ces mystérieuses Îles des Bien-Heureux et aux terres fabuleuses qui furent submergées, comme Lyonesse, entre l'Angleterre et la France, ou Hi Brazil, au-delà de la côte sud-ouest de l'Irlande. Les voyages en mer qui emplissent les premiers récits irlandais illustrent un genre encore populaire aujourd'hui. Dans leurs aventures, Bran, Mael Dúin et le moine chrétien Brendan abordent des îles mystérieuses, points perdus dans une mer illimitée, perpétuellement changeante. Le voyage en lui-même ne présente pas de dangers réels ; les navigateurs acceptent la mer comme l'élément principal de leur vie sans avoir besoin de recourir au romanesque de dangers imaginaires. Semblable à la démarcation entre l'état de sommeil et l'état de rêve, le voyage constitue la transition nécessaire à la découverte d'un « autre » monde. On ne peut se méprendre sur l'analogie de ces navigations avec la vie, la mort et le passage de l'une à l'autre. Mais les récits cherchent un « lieu ». Aussi inquiétante que soit la description de l'île – un pied unique de géant pointant hors de l'eau avec une île sur la partie supérieure et une porte à sa base, ou un large pilier d'argent carré du haut duquel un filet pend vers la mer, ou encore une île avec une énorme bête féroce courant autour du mur d'enceinte et se retournant à l'intérieur de sa peau –, elle est un point tangible et unique, une image rêvée, mémorisée et d'une « logique » qui rend compte de tout. Dans ce monde, tout est « donné » – nourriture, amour, hospitalité, peur, recommandations ou n'importe quel autre élément nécessaire au voyage –, mais « prendre » implique un choix qui peut avoir, pour conséquence, la disparition immédiate du téméraire.

Après avoir dîné dans le palais désert d'une île, un des amis de Mael Dúin détache un collier du mur. Le chat, qui jusque-là s'amusait à sauter de pilier en pilier, se transforme soudain en gardien jaloux du palais. D'un bond, il traverse l'homme « comme une flèche enflammée et le réduit en cendres ». Mael Dúin remet la parure à sa place sur le mur et, en compagnie de ses amis, reprend la mer.

L'aire où se rencontrent des mondes différents, tels le passage de la vie à la mort, la brume flottant entre la surface de la mer et le ciel, le crépuscule, l'aube et le bord du gué, revêtait un sens particulier pour les Celtes. L'effort pour représenter et rendre tangible ce royaume nébuleux se traduisait en images : mer de verre ou nef de cristal qui dissimulait souvent au héros la « terre promise ». Dans le voyage de Bran, le dieu de la mer, Manannán Mac Lir, le Seigneur de l'Illusion, change celle-ci en une plaine fleurie, les vagues en arbrisseaux, les poissons en agneaux gambadants, tant et si bien que le bateau semble flotter sur un verger. De même, Bran se laisse séduire par une belle fille dont le chant envoûtant se termine ainsi :

Ne tombe pas sur le lit de la paresse,
Ne laisse pas l'ivresse t'envahir,
Embarque-toi et traverse les mers.

Cet exemple unique de pierre pictographique montre un périple héroïque à travers les vagues. En guise de décor de pierre de scellement d'une chambre funéraire, ces motifs pouvaient représenter le voyage de l'âme à travers d'autres royaumes de conscience.

Bran et ses compagnons arrivent en vue d'une île où tous les habitants passent alternativement des rires et de la joie à la tristesse hébétée, et d'où l'un des leurs ne reviendra pas. Ils touchent enfin l'île qui leur avait été promise, y trouvent de quoi se nourrir et une femme pour chacun. Après ce qu'il croit avoir été une année de vie merveilleuse, Bran décide de repartir, mais la reine l'avertit de n'accoster sur aucune terre, sous peine de le regretter. De retour en Irlande, personne ne les connaît, mais les gens qui habitent la vieille demeure de Bran disent que l'on parle dans les récits anciens du Voyage de Bran. N'y tenant plus, un de ses compagnons saute sur le rivage et n'a pas plus tôt touché terre qu'il tombe en poussière. Bran raconte ses aventures aux gens du rivage, les écrit en *ogham* et reprend la mer.

Le voyage de Mael Dúin vers les trente et une îles extraordinaires n'a pas d'équivalent dans la littérature ancienne du genre. Avec ses compagnons, il voit des insectes géants,

← *Pages 80–81* | Au milieu des pierres levées de Carnac, on rejoint sans peine la mythologie celtique, qui y voyait le lieu de repos des héros engagés dans leur voyage vers les Iles Fortunées. En admettant que l'espace zodiacal rayonnant sur seize kilomètres à partir de Glastonbury ait eu son pendant à Carnac, pourquoi ne pas imaginer que ces pierres aient été utilisées pour la reconstitution rituelle d'un drame cosmique ?

d'énormes chevaux qui s'entre-dévorent, des animaux composites, des créatures semblables à des chevaux qui galopent sur terre et sur mer, des gens qui pleurent, une île noire et blanche divisée par un mur de cuivre, une autre île aux remparts de feu tournant tout autour de la côte et dont les habitants, splendides d'allure, se déplacent au rythme d'une musique harmonieuse et envoûtante. Certains spécialistes ont rapproché la succession des symboles qui se trouve dans le *Livre des Morts tibétain* – les quatre éléments, les couleurs, les ordres, etc. – de la nature élémentaire de ces îles prises en tant qu'entités métaphysiques : blanc, noir, feu, eau, joie, peine, féminité, masculinité, jeunesse, mort, etc. Le symbolisme du voyage, quelque peu occulté par la magie descriptive de ces récits, peut faire penser qu'il s'agirait des traces d'une ancienne tradition orale définissant les mondes mystérieux de l'Au-delà.

Le voyage à la « Terre promise », ou au « Pays brillant », ou au « Pays des Jeunes Gens », est un thème qui a subi autant de variations en littérature que dans les légendes anciennes.

« Je vais te poser une question, dit Columcille à son étrange visiteur venu d'un autre royaume. À quoi utilisait-on jadis ce loch que nous regardons? – Je vais te répondre, dit le jeune homme. Il était jaune. Il était en fleurs. Il était gris. Il ondulait. On y buvait. Il y avait de l'argent et des chars. Je l'ai traversé quand j'étais cerf. Quand j'étais saumon. Quand j'étais chien sauvage. Quand j'étais homme et m'y baignais. J'avais une voile jaune et une voile verte... Je ne connais ni père ni mère. Je parle avec ce qui est vivant et ce qui est mort. »

La réaffirmation constante des cycles de renaissance, d'une part, les déplacements aisés entre le monde sensible et les nombreux Autres Mondes tels que les décrivent les récits, d'autre part, montrent la profondeur des préoccupations existentielles des Celtes. Même l'entrée en matière traditionnelle du conteur irlandais moderne découle de la métaphysique druidique : « Fadófadó ou il y a bien, bien longtemps de cela, si j'y étais alors, je ne serais pas ici aujourd'hui, et si j'étais là-bas maintenant et jadis, j'aurais un autre récit ou un vieux récit, ou je n'aurais pas de récit du tout... »

Le voyage à la « Terre promise », ou au « Pays brillant », ou au « Pays des Jeunes Gens », est un thème qui a subi autant de variations en littérature que dans les légendes anciennes. La Navigatio Brendani, rédigée en latin et d'où naquit l'idée que saint Brendan de Clonfert découvrit les Amériques, jouissait d'une extrême popularité à l'époque médiévale et peut avoir stimulé les découvertes qui intervinrent par la suite. La Vision de Mac Con Glinne constitue, elle, une brillante parodie qui résume et reprend pratiquement tous les thèmes des récits antérieurs. La vision proprement dite n'est qu'un court passage dans l'ensemble du récit. Un fantôme venu de l'Autre Monde dit à Mac Con Glinne qu'il est « Fromentelet/fils de Babeurre/fils de Savoureux Bacon/et mon propre nom/Rouleau de Miel/est le nom de l'homme qui porte mon sac ». Il s'agit, dans ce dernier vers, du sac du dieu de la mer, Manannán, qui renferme tous les trésors de la terre. Le héros s'embarque alors pour un merveilleux voyage à bord d'un bateau de lard qui avance sur un lac de lait frais ; il atteint l'île où « se trouvent des terrassements de crême épaisse au-delà du lac. Le pont était de de beurre frais, son mur de farine blanche, sa palissade de bacon. Des piliers lisses de vieux fromage, des appuis de bacon savoureux, disposés alternativement, de belles étendues de crême moelleuse, avec des tas blancs de lait caillé » supportent la maison. Le sage lui donne un baume universel – mais qui ne guérit ni les gentilshommes errants ni les sages – communément appelé vide-boyaux. Grâce au récit de sa vision, Mac Con Glinne sauve sa tête, puis guérit le roi de Cork de sa gloutonnerie et enferme le démon sous un chaudron renversé. Le récit s'achève avec la liste des récompenses dues à quiconque racontera l'histoire.

Les dolmens mégalithiques en forme de vulve identifiaient le passage de la mort à celui de la naissance. Les voyages merveilleux offraient une description métaphorique plus exaltante du passage vers les Autres mondes, en affirmant que la mort n'était pas moins transitoire que la vie.

HÉROS CHRÉTIENS

Qui est ton Dieu ? Et où est-il ?
Est-il dans le ciel, ou dans la terre,
Ou sous la terre, ou sur la terre,
Ou dans les mers, ou dans les cours d'eau ?
Est-il jeune ? Est-il beau ?
A-t-il fils et filles?
Est-il un des immortels ?

De même que Patrick associa les déesses dormantes de l'Irlande au Christ, l'art indigène des Celtes fut imprégné de symbolisme chrétien. Comparez les lignes courbes du taureau picte ci-dessus au lion de la page 86.

« Et Patrick les prit avec lui pour répondre à leurs questions et leur enseigner la vraie foi ; et il leur dit qu'il était bon qu'elles aillent au Roi de Gloire, puisqu'elles étaient les filles d'un roi de la terre. » Cette historiette tirée du *Livre des saints et des merveilles*, de Lady Gregory, met en valeur les thèmes habituels de transition entre les anciens et les nouveaux mystères, parmi lesquels figurent les noces et la mort de la déesse, les divins jumeaux et le nouveau héros guerrier. Ethné la Belle et Fedelm la Rouge-Rose, filles du roi de l'Ouest, vinrent se laver à la fontaine sacrée, rite qu'elles accomplissaient quotidiennement. Elles y trouvèrent Patrick. Accompagné de douze des siens habillés de blanc (symbole traditionnel du sacerdoce) et tenant devant eux leurs livres (le nouveau savoir), Patrick était désormais le gardien du lieu sacré. Les déesses d'Irlande, « endormies dans la mort », furent invoquées, puis mariées au « Christ, son fils notre époux ». Au niveau de la simplicité populaire, le Christ, nouvel avatar héroïque du dieu guerrier, était la réincarnation de Cûchulainn, puisque le drame de sa mort était déjà joué et déterminé par le récit de sa vie dans ce royaume terrestre. Les missionnaires chrétiens surent exploiter l'imagination celtique pour asseoir les fondements de la nouvelle religion.

Les Celtes christianisés vivaient encore en étroit contact psychique avec un au-delà qu'ils ne récusèrent jamais ; leur culture, leur art et leur vie perpétuaient les rythmes inchangés du passé. Si ce n'était la crosse et la cloche que tient l'une de ces statues, rien ne les différencierait des dieux de quelque mystérieux lieu païen de culte.

On procéda de part et d'autre avec beaucoup de courtoisie pour modifier les cérémonies rituelles pendant les siècles d'isolement qui suivirent les transformations, puis l'effondrement de l'Empire romain. À part quelques exceptions, la transition s'effectua dans un esprit pacifique, et héros et déesses celtiques se christianisèrent. Sainte Brigit, une sainte femme du Vᵉ siècle que l'on disait être née à l'aube du Iᵉʳ février (fête de l'imbolc) et dont la mère « était au service d'un druide », possède toutes les caractéristiques de la triple déesse. La nouvelle Brigit devint la patronne de l'âtre, du foyer, des sources et des guérisons. Son monastère était construit autour du feu sacré à Kildare, et sa flamme ne cessa d'être ranimée jusqu'à l'invasion normande du XIIᵉ siècle. Il est probable que ce sanctuaire avait jadis une vocation oraculaire, comme celui de Delphes, avec sa flamme sacrée, ses eaux thermales et sa déesse attitrée. L'hymne célébrant la nouvelle sainte aurait parfaitement convenu à l'ancienne déesse :

« Brigit, femme admirable, flamme soudaine, puisse le rouge soleil ardent nous conduire au royaume éternel. »

← On raconte une curieuse histoire au sujet du Livre de Durrow : après la dispersion des monastères, il tomba entre les mains d'un fermier qui le trempait dans de l'eau potable afin de protéger son bétail des maladies.

C'était une pratique officiellement approuvée que de s'emparer des temples et des sanctuaires déjà existants et de les utiliser pour établir la nouvelle religion (*voir aussi pp. 100–101*). En 601 apr. J.-C., Grégoire le Grand le spécifiait dans une lettre adressée aux missionnaires des régions occidentales : « Si ces temples de l'Angleterre sont bien construits, il est nécessaire de les faire passer du culte des démons au service du vrai Dieu ; en voyant que ces temples ne sont pas détruits, le peuple extirpera l'erreur de son cœur, et l'on viendra à la connaissance et l'adoration du vrai Dieu plus librement dans les lieux déjà célèbres pour le culte. »

Le héros chrétien le plus populaire de cette période fut Columba, ou Columcille, décrit par Fintan de Cloneenagh comme « ne devant pas être comparé aux philosophes ni aux érudits, mais aux patriarches, aux prophètes et aux apôtres ».

Il construisit son premier monastère, la nef pointée vers l'ouest au lieu de l'est habituel aux édifices chrétiens, dans la clairière d'un bois sacré, sur la péninsule de Derry, au nord de l'Irlande, et il se refusa à couper aucun des vieux chênes :

J'aime mon beau Derry,
Mon Derry,
Mes beaux chênes
Ma chère petite cellule et demeure,
O Dieu, là-haut dans les cieux,
Maudis quiconque le profane.

On relève dans les récits populaires de la vie de Columcille un si grand nombre d'allusions aux pratiques et aux rites druidiques qu'il est impossible de le considérer autrement qu'un maître et un chef profondément imprégné de l'ancienne tradition. Ses liens de parenté étroits avec la royauté irlandaise et le génie qu'il eut de créer un système monacal solidement ancré aux mystères druidiques traditionnels le placent au rang des héros anciens. Ses efforts pour modifier la religion chrétienne officielle suscitèrent d'ailleurs de tels conflits qu'il fut excommunié et chassé d'Irlande. Avec plusieurs compagnons, Columcille se retira sur l'île de Iona, sur la côte ouest de l'Écosse, où il passa les trente années qui lui restaient encore à vivre. Comme nous l'avons vu dans les aventures des guerriers, les ricanements et le mépris de ses pairs étaient pires que la mort et impossibles à combattre.

En gaëlique, Iona se dit Hi, Y ou I ; on l'a également appelée l'île des Rêves, ou l'île des Druides. Elle est faite des plus anciennes couches rocheuses affleurant au sol que connaisse la terre et elle fut sans aucun doute un centre sacré qui remontait à une époque extrêmement lointaine. On a rapproché son nom du temple Ei de l'Apollon grec, de An ou de celui-qui-existe-par-lui-même des Sumériens et du Yah, « Je suis celui qui suis », des Hébreux. Les grues sacrées d'Apollon, annonciatrices du printemps, étaient une des particularités de Columcille ; il chargeait un jeune moine de guetter sur le rivage l'arrivée du premier oiseau exténué et promettait les

← La Croix de Cong (1123) associe une vieille forme irlandaise à des éléments décoratifs et numériques celtiques et à des détails scandinaves et romans. La croix en chêne et en bronze abrite un morceau de la vraie Croix.

Pages 90–91 | Le monachisme chrétien faisait partie intégrante de la vie sociale celtique. De nombreux anachorètes menèrent une humble vie de dur labeur et de prière dans des lieux reculés, inaccessibles, tels que Iona, Innisboffin et les Skelligs.

Les traditions celtes et chrétiennes se mélangent plus harmonieusement dans la croix en pierre sur laquelle un saint irlandais est représenté muni de ses attributs habituels : la cloche et la crosse. Le bâton de vie, dont la spirale a pour centre le chakra du cœur, montre que l'inspiration de l'artiste plongeait ses racines dans les anciennes traditions autant que dans les nouvelles.

pires châtiments au jeune homme s'il ne réconfortait pas le volatile avant de le relâcher. L'histoire du saint occupé à recopier un célèbre manuscrit pendant que la grue crève l'œil du fils du roi, qui regardait par un trou de la porte, rappelle curieusement la légende de l'ibis de Thoth (Hermès) ou encore celle de Manannán Mac Lir dont le sac renfermant les trésors du monde est fait de la peau de cet oiseau. Trois grues sacrées gardaient la demeure de Manannán – l'île de Man – et avertissaient de leur cri rauque les voyageurs : « N'entre pas/N'approche pas/Passe ton chemin. » Les récits qui relatent les rencontres de Columcille avec les druides pictes et le monstre du loch, et décrivent la manière dont il rappela plusieurs jeunes garçons à la vie semblent, en revanche, beaucoup plus fantaisistes et ne rendent pas un son très convaincant.

Columcille serait revenu en Irlande en une seule occasion, pour le synode de Drumceatt qui se tint en 574 apr. J.-C., afin de défendre les bardes qu'on voulait expulser comme fauteurs de troubles. Il parla au nom de douze cents d'entre eux, ce qui laisserait entendre qu'il était le chef suprême des druides, et fit valoir que leur expulsion priverait l'Irlande d'un folklore infiniment riche et de réminiscences des temps anciens qui se perdraient à jamais. Il suggéra qu'il leur fût accordé une portion du territoire irlandais en laquelle ils pourraient vivre. L'eulogie qu'entonnèrent en son honneur les bardes tandis qu'ils tournaient autour de la salle est un exemple de l'ironie de certaines circonstances historiques. Il est probable, en effet, que ce fut précisément à cette assemblée que les druides furent dépouillés de leurs privilèges particuliers qui faisaient d'eux les administrateurs du peuple et les prêtres de l'ancienne religion.

Les nouvelles communautés d'Iona, ainsi que celles d'autres îles et de sites isolés d'Irlande et d'Écosse, consacrèrent leur vie et leur énergie aux « trois tâches de la journée : la prière, le travail, la lecture ». Leur vie simple et rude touchait une corde ancienne de la sensibilité celtique. La décadence de l'Église celtique insulaire fut balayée par le nouveau courant de ferveur qui unifia la mystique guerrière et lui donna une orientation neuve. Pour la génération montante de l'époque, le latin constituait une langue nouvelle et, de même que l'utilisation de la technologie de la pierre et du fer, il servit de véhicule et de stimulant à un mouvement qui s'étendit à toute l'Europe. En tant qu'archétype guerrier, le Christ insuffla aux Mystères hiberniens une vigueur nouvelle. Tels les héros de jadis, son esprit était indomptable et sa vie prédestinée en un enchaînement d'exploits héroïques ; la tâche d'apporter la lumière à l'Europe païenne s'inscrivait dans une réalité qui rappelait les anciennes visions et les quêtes héroïques du monde celtique.

Les survivants des Celtes dispersés en Bretagne, en Irlande, au Pays de Galles et en Écosse tentent de préserver celui demeure de l'ancienne culture européenne. Mais, par une tragique ironie, l'héritage du lieu sacré qui se perpétua tout au long de milliers d'années est aujourd'hui menacé d'être irrémédiablement perdu. Car il est si facile d'ignorer la parabole d'Ogmios et la peau de lion d'Hercule, ou d'oublier ce qu'avait dit Columcille : qu'il apportait au peuple le don du silence.

En tant qu'archétype guerrier, le Christ insuffla aux Mystères hiberniens une vigueur nouvelle.

L'intention didactique de cette croix irlandaise est tout à fait nouvelle dans l'art celtique. Des éléments purement décoratifs se trouvent sur le tronc et sur le socle. L'ancienne tradition prend sa revanche avec l'insertion de deux silhouettes de chats à la base de la croix, l'un léchant un chaton, l'autre tenant une souris.

La tradition artistique celtique n'a pas seulement perduré sous le pouvoir romain, mais aussi sous celui des envahisseurs suivants. Cette magnifique broche saxonne à monture d'or sertie de grenats et de lapis-lazuli repend des éléments du style celtique, y compris la disposition symbolique du centre, de la croix et du cercle.

→ Le puits de St Brigid, comme un grand nombre de puits et de sources, a été un lieu de culte depuis des temps immémoriaux. Ce puits était, à l'origine, consacré à la déesse mère Brigid, dont le pouvoir guérisseur et les rapports avec le feu et l'eau furent christianisés sous le nom de sainte Brigit, patronne de l'âtre, du foyer domestique et des sources sacrées.

MYSTÈRES CELTES | *Thèmes :*

LES TEMPLES DU CIEL

Pour un peuple essentiellement dépendant des rythmes saisonniers de la terre, les mouvements du soleil et de la lune revêtaient une importance vitale, et une éclipse constituait un temps chargé de signification religieuse. C'est à juste titre que l'on associe les mystérieux centres sacrés de l'Europe occidentale à la religion druidique des Celtes. Ces centres ne furent pas l'œuvre des Celtes, mais remontent à une civilisation beaucoup plus ancienne, la civilisation mégalithique (dite des « pierres dressées ») dont on ignore pratiquement tout et qui se situe au IIe ou au IIIe millénaire avant J.-C. Toutefois, ce que nous savons de la tradition orale des druides, qu'un écrivain grec qualifiait de « promoteurs de la philosophie », peut laisser imaginer que ceux-ci attachaient une signification astronomique à des monuments tels que Stonehenge, Avebury (*page ci-contre, en haut*), Carnac (*ci-dessous*) et Callanish (*page ci-contre, en bas*). Ces sites, ainsi que d'autres comme Newgrange, en Irlande, et Maes Howe (*p. 104*), dans les îles Orcades, présentent de nombreux points communs : un grand tertre artificiel, des chaussées rituelles, plusieurs tertres funéraires secondaires, un puits sacré, un vaste groupement de pierres, grossièrement taillées, et des monolithes isolés. Le plus grand monolithe connu, la Pierre-de-la-Fée (Er Grah) de Locmariaquer, près de Carnac, qui gît brisé en quatre tronçons, mesurait près de 21 mètres et pesait plus de 340 tonnes. D'après le professeur Thom, ces constructions auraient eu comme unité de mesure le « mètre mégalithique » (81,25 cm). En s'appuyant sur une reconstitution de la possible disposition originale des alignements de Carnac et en faisant appel à l'analyse statistique, le professeur Thom émet l'hypothèse que ces alignements furent utilisés pour la prévision des éclipses, l'Er Grah constituant, ajoute-t-il, un repère lunaire universel.

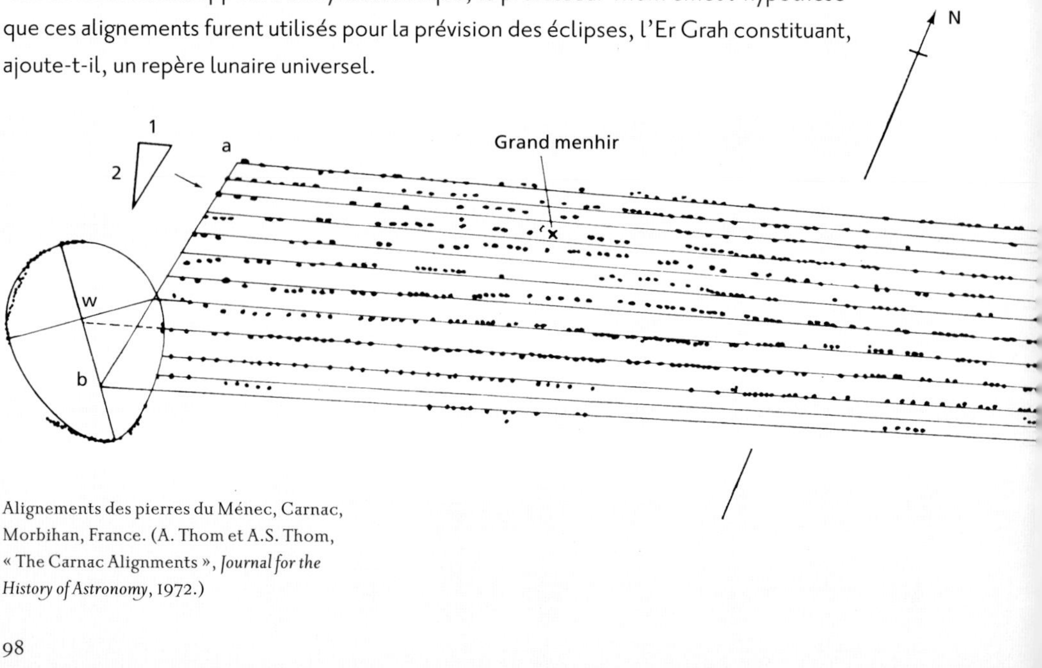

Alignements des pierres du Ménec, Carnac, Morbihan, France. (A. Thom et A.S. Thom, « The Carnac Alignments », *Journal for the History of Astronomy*, 1972.)

Avebury, près de Stonehenge, Wiltshire, Angleterre, à l'époque préhistorique. (Reconstitution due à Alan Sorrell.)

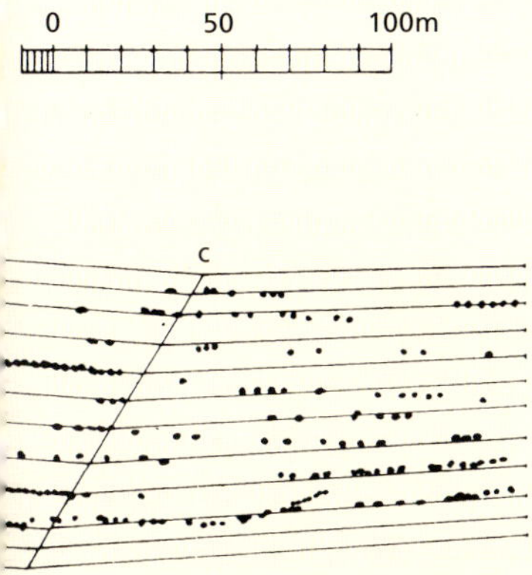

Le petit cromlech de Callanish, Lewis, Écosse, 2000–1500 av. J.-C. env.

LA QUÊTE INTÉRIEURE

La tradition visionnaire et la quête intérieure du chaman, du druide, du saint ou du sage semblent s'être concentrées sur des lieux spécifiques qu'investissent les principes d'énergie de la planète. Incarnation vivante du psychisme collectif, le chaman celte et pré-celte représentait le lien avec l'esprit ancestral du monde. C'est lui qui accomplissait les cérémonies liées aux morts, ainsi que les rites annuels de renouveau au nom des vivants. La tombe commune à laquelle il puisait son pouvoir constituait le lieu où pouvaient se rencontrer les forces du ciel et de la terre. Les dolmens mégalithiques en forme de vulve des Cornouailles et de l'Inde (*ci-dessous*) attestent l'étendue de l'ancienne croyance qui voyait dans le réceptacle funéraire la matrice de la Terre-Mère ou le lieu d'accès à l'Autre Monde (*voir aussi p. 83*). Ces tombes étaient habituellement composées de pierres plates géantes fermant une chambre et d'un couloir en creux, dont les ouvertures étaient comblées par une maçonnerie de pierres sèches et recouvertes d'un tumulus. Dolmens, pierres-galets et cromlechs sont les vestiges des tombes originales. On utilisait également les grottes naturelles et des cavités artificiellement creusées dans le roc.

La Dwarfie Stane (*page ci-contre, au centre*) constitue un exemple de chambre artificielle unique en Angleterre. Ce bloc de grès de 8,6 mètres de long fut peut-être utilisé pour la méditation ou pour les rites d'initiation. On trouve en effet à chaque extrémité un lit et un oreiller en pierre pouvant accueillir deux personnes, surmontés d'une ouverture laissant passer la lumière et par où la fumée aurait pu s'échapper. Les premiers saints d'Irlande ou d'Écosse perpétuèrent cette tradition en utilisant les grottes pour méditer et prier. Ils choisirent des sites montagneux, des îles ou des lieux déserts, non seulement pour éviter d'être distraits, mais aussi pour se rapprocher du sacré. Près de Bilbao (*page ci-contre, en haut*), l'église édifiée autour d'un groupe de pierres naturellement dressées et dédiée à saint Michel, le tueur de dragon cher aux Celtes, fournit un remarquable exemple de la christianisation d'un lieu sacré.

Chun Quoit, Cornouailles, Grande-Bretagne

Cromlech, Malabar, Inde. (Higgins, *The Celtic Druids*, Londres, 1829.)

Dolmen de San Miguel, Arrichinaga, Espagne, à l'intérieur d'une église. (Fergusson, *Rude Stone Monuments*, Londres, 1872.)

La Dwarfie Strane, chambre taillée dans le roc, île de Hoy, Orcades, Écosse.

Chambre funéraire surmontée d'un cairn, Bryn Celli Ddu, Anglesey, Pays de Galles, restaurée.

LA SPIRALE DU VOYAGE

On a retrouvé des chambres funéraires communes datant de la période mégalithique à Malte, en Sicile, en France, en Espagne, en Bretagne, en Angleterre, en Irlande, au Pays de Galles, en Écosse, dans les Orcades et autour de la Baltique. La forme varie selon le lieu ; elle va du dolmen à coupole en forme de ruche ou tholos des régions méditerranéennes, aux sépultures à bateaux des pays nordiques. La taille des dalles massives et la similitude de construction sur un aussi vaste territoire indiqueraient l'existence d'une culture pré-celtique homogène. Ces preuves évidentes de technologie, d'une religion à base de temples et d'un symbolisme du trait spiralé ont donné naissance à l'un des plus anciens mystères touchant aux royaumes celtiques de l'ouest.

On continue de s'interroger sur l'origine des architectes de l'ordre mégalithique. Peut-être cette civilisation s'est-elle développée localement dans les Iles britanniques ; peut-être s'est-elle déplacée vers le nord-ouest à partir des régions méditerranéennes, en quête d'or, d'étain et d'ambre ; peut-être aussi, hypothèse fragile, s'est-elle propagée vers l'est à partir de l'emplacement supposé de l'Atlantide disparue. La datation au carbone a montré que les temples en pierre les plus remarquables, ceux de Malte et de Newgrange, en Irlande, aux dalles de couverture géantes à gravure spiralée et aux voûtes à encorbellement, furent construits il y a plus de trois mille ans. En termes d'archéologie pure, les constructeurs n'ont guère laissé d'information, même dans les chambres funéraires. Mais on peut imaginer que les courbes de la grande spirale (*page ci-contre*) symbolisent le voyage de l'âme qui « traverse » la mort pour chercher le repos et la renaissance dans la chambre centrale.

Le seul dolmen à galerie d'Europe occidentale encore intact qui ait été scientifiquement mis au jour et étudié est celui de Knawth. Une campagne de fouilles s'y déroula en 1968 (*p. 105*). Il renfermait une quantité considérable d'os calcinés, vestiges d'incinérations humaines, blanchis par l'eau et placés en tas sur le sol, dans des cuvettes en pierre, ou à l'extérieur, contre les piliers verticaux. On y découvrit également des objets de petite taille tels que des balles en pierre, des colliers, des breloques miniatures en forme de marteau et des épingles en os à tête sculptée en forme de champignon.

La chambre carrée de Maes Howe (*p. 104*), de 4,5 mètres de côté, est située sous un tertre de 7,3 mètres de haut. Une double rangée de blocs de pierre de 5,5 mètres de long borde le couloir d'accès. De chaque côté est creusée une niche destinée à recevoir un corps. Cette chambre demeura inviolée pendant près de trois mille ans, jusqu'en 1150 apr. J.-C., époque à laquelle des pirates norvégiens y installèrent leurs quartiers d'hiver. Ils laissèrent un rappel de leur visite en gravant un dragon et une inscription en caractères runiques indiquant qu'ils avaient emporté le trésor de la tombe.

Page 104 | Intérieur de chambre funéraire, Maes Howe, Orcades, Écosse, 2500–2000 av. J.-C. env.

Page 105 | Couloir de tumulus, Knowth, comté de Meath, Irlande.

Intérieur de la
chambre principale,
dolmen sous tumulus
de Gavrinis, golfe du
Morbihan, France.

Détail de l'intérieur de la
chambre principale, dolmen
sous tumulus de Gavrinis,
golfe du Morbihan, France.

L'ÉNERGIE ORIGINELLE

Dans les cérémonies religieuses de l'Inde, la nature sexuelle de la pierre élémentaire est attestée dans le lingam. Les propriétés des principes d'énergie masculin et féminin s'identifient aux sources créatrices et bienfaisantes de l'univers. Les rites tantriques sont pleinement intégrés à un système global de libération psychique. À un autre niveau, l'ancienne religion naturelle accorda une place de choix aux rituels orgiaques, au cours desquels le conflit entre les sources d'énergie positive et négative s'organise autour de pierres et d'objets totémiques.

Les pierres levées de la Corse (*page ci-contre, en bas à gauche*) illustrent, pour certains, l'emblématique sexuelle des mégalithes. La « tête » sculptée de nombre de ces pierres ne fait qu'accentuer l'analogie visuelle. Il fallut un millénaire pour que l'adjonction de motifs sculptés (*page ci-contre, colonne de droite*) et le modelé progressif de la pierre élémentaire (*page ci-contre, en haut à gauche*) en fassent un symbole christianisé, telle cette croix picte magnifiquement taillée (*page ci-contre, au centre*).

L'extraordinaire ressemblance de la Pierre de Turoe, au décor à volutes de feuillage caractéristique de l'art de La Tène (*ci-dessous, à gauche*), avec le « Nombril du Monde » de Delphes (*ci-dessous, à droite*) explique peut-être la signification religieuse des pierres arrondies irlandaises. Le culte rendu à la Pythie, déesse au serpent de l'oracle delphien, fut supprimé par Apollon qui changea le nom du sanctuaire et mit l'accent sur la vocation prophétique et curative de ce sanctuaire (détruit par les Celtes en 279 av. J.-C.). Les récits irlandais contiennent de nombreuses allusions au serpent (ou au dragon), et il semble probable que le centre de culte ait été le sanctuaire au feu guérisseur de Brigid, à Kildare.

La Pierre de Turoe, Irlande, fin de l'âge du Fer.

Le « Nombril du Monde », Delphes, Grèce. (Delphi Museum.)

Croix, Skellig Michael, comté de Kerry, Irlande, VIIe siècle apr. J.-C.

Moulage de la Pierre de Castlestrange, Castelstrange, comté de Roscommon, Irlande. (National Museum of Ireland, Dublin.)

Visages humains stylisés, provenant de pierres dressées irlandaises. (Raftery, *Prehistoric Ireland*, 1957.)

Pierres dressées, Filitosa, Corse.

Croix de pierre sculptée picte, The Manse, Glamis, Angus, Écosse, VIIIe siècle apr. J.-C.

Pierre dressée, Glencolumbcille, comté de Donegal, Irlande.

LA SOURCE SACRÉE

La toponymie et l'archéologie prouvent que les principaux centres religieux d'Angleterre pendant la période romaine étaient concentrés autour du bassin de la Severn, dans le sud-ouest, et près du Mur d'Hadrien, dans le nord (*ci-dessous, à droite*). On connaissait dans ces deux régions les « Encapuchonnés » (*ci-dessous, à gauche*) et leur affinité avec la fertilité et la guérison. La mythologie irlandaise fait allusion au capuchon (*cochull*) qu'elle associe à un dieu du monde souterrain, le Rouge-à-la-Coiffe.

La coutume d'accrocher des diablotins aux arbres et aux buissons près d'une source sacrée était jadis largement répandue en Écosse, en Irlande et au Pays de Galles (*page ci-contre*). On la retrouve couramment au Moyen-Orient. Les rites chrétiens associés à l'église ont remplacé ces coutumes dont le symbolisme, lié à la Déesse-Mère, est oublié depuis longtemps. Mais le souvenir des vertus cultuelles de l'eau, qui jouait un rôle important dans l'ancienne religion celtique, survit encore dans quelques traditions populaires associées à des sources sacrées.

Page ci-contre | Une source sacrée près de Duncannon, comté de Wexford, Irlande.

À droite | Pierre dédiée à la déesse de l'eau Coventina, Carrawburgh, Northumberland, Angleterre, IIe–IIIe siècle apr. J.-C. env. (*voir aussi p. 33*). (Museum of Antiquities, Newcastle-upon-Tyne.)

Ci-dessous | Plaque de pierre dédiée aux Genii Cuculiati, les « Encapuchonnés », Housesteads, Northumberland, Angleterre, IIIe siècle apr. J.-C. env. (*voir aussi p. 40*. Housesteads Museum).

LE DIEU CORNU

Les rites de royauté celtiques, tels que les reflète l'épopée irlandaise, montrent le chaman qui s'approprie dans un état de transe le pouvoir d'un archétype animal. Les dessins rupestres de ces rites (la silhouette cornue porte le torque et les ornements de bras en forme de serpent propres à l'iconographie celtique) montrent de nombreuses affinités avec les autres représentations du chamanisme paléolithique (*page ci-contre*). Le cerf est un des rares esprits animaux dont nous connaissions le nom, grâce à une inscription unique ; il s'agit de Cernunnos, le dieu cornu ou le Seigneur de tous les cerfs (*p. 113, à droite*). Dans l'art gallo-romain, il fut associé à Pan. Le rat indique le pouvoir chtonien du dieu (*p. 112, en haut*), le sac de pièces de monnaie évoque sa fonction permanente de dispensateur de biens ; c'est le dieu de la chance et de la prospérité.

Les doubles et triples têtes en pierre (*voir pp. 36–37, 68, 115*), ainsi que le Tau (*ci-dessous*) où l'on voit un ancien symbole maçonnique des compagnons tailleurs de pierre, sont l'expression du pouvoir multiface et envahisseur du conscient qui formait l'élément central de la perception que les Celtes avaient du monde. Il émane encore une puissance méditative indéniable de ce Janus (*p. 113, à gauche*) à la couronne feuillue stylisée.

Tau en pierre, Killinaboy, comté de Clare, Irlande

Dessin rupestre, Val Camonica, Italie, IVe–IIIe siècle av. J.-C. env. (Ananti, *Camonica Valley*, Londres, 1964.)

Relief en pierre de Cernunnos avec, à ses côtés, Apollon et Mercure, Reims, Marne, France, IIe siècle apr. J.-C. (Musée de Reims.)

Relief de Cernunnos, époque gallo-romaine. (Musée de Cluny, Paris.)

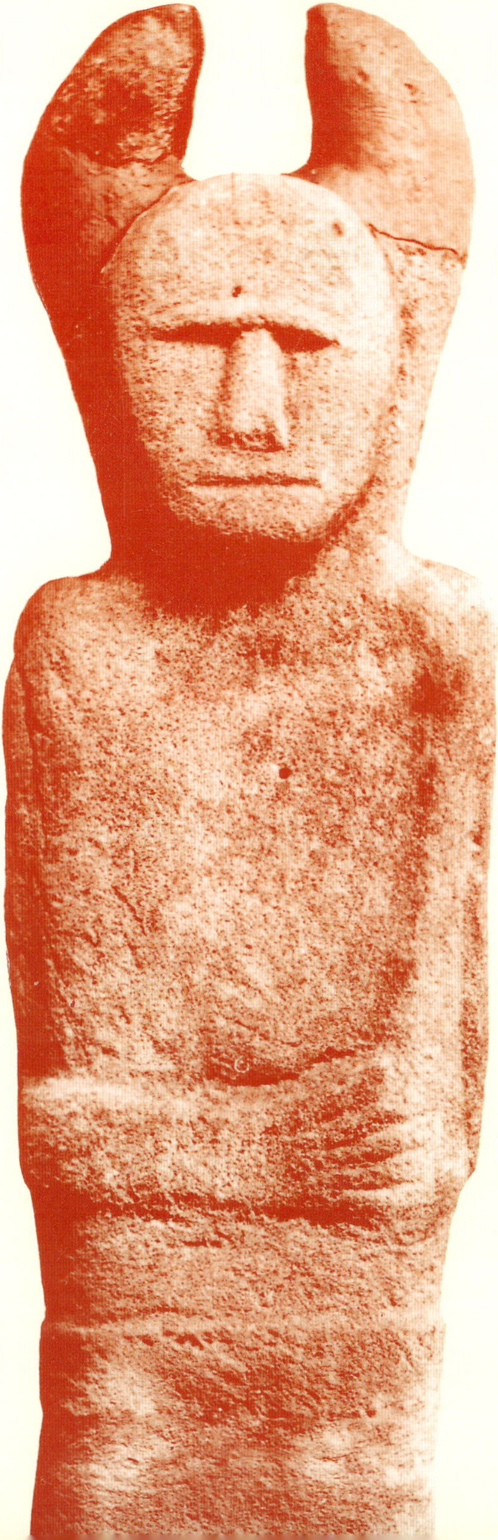

Silhouette de Janus en pierre, Holzgerlingen, Wurtemberg, Allemagne, VIe– Ve siècle av. J.-C. env. (Landesmuseum, Stuttgart.)

LA PRÉSENCE ÉTERNELLE

La tête humaine en tant que centre de pouvoir spirituel s'imposa irrésistiblement à tous les peuples celtes. Elle est partout présente dans leurs rites, leurs mœurs guerrières, leurs récits ; elle apparaît dans l'art, depuis les premières représentations connues en Europe centrale jusqu'aux enluminures des manuscrits chrétiens d'Irlande. Les Celtes furent des chasseurs de têtes. L'utilisation de têtes humaines réelles ou artificielles, respectant la triade ou d'autres combinaisons des nombres sacrés, indique nettement le pouvoir protecteur qu'ils leur attribuaient. Les Celtes comptaient sur le char tiré par des chevaux pour assurer leur survie et leurs conquêtes ; la tête-trophée était un emblème courant sur des objets tels que les harnais ou les essieux.

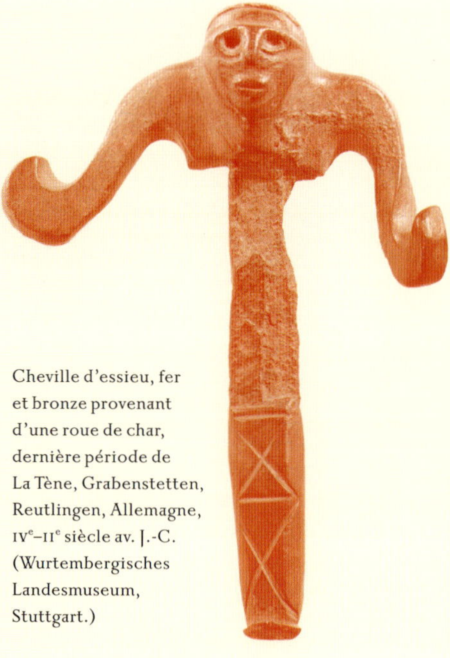

Cheville d'essieu, fer et bronze provenant d'une roue de char, dernière période de La Tène, Grabenstetten, Reutlingen, Allemagne, IVe–IIe siècle av. J.-C. (Wurtembergisches Landesmuseum, Stuttgart.)

Reconstitution du sanctuaire de La Roquepertuse, Bouches-du-Rhône, France, IIIe–IIe siècle av. J.-C. (Musée Borély, Marseille.)

Phalères en argent à têtes-trophées et au triskèle symbolique de Manannán Mac Lir, Manerbia sul Mella, Italie, Ier millénaire av. J.-C. (*voir aussi p. 51*).

Pierre dressée, Filitosa, Corse.

Urne tricéphale, Carinthie, Autriche, IIIe siècle av. J.-C. (Landesmuseum, Klagenfurt.)

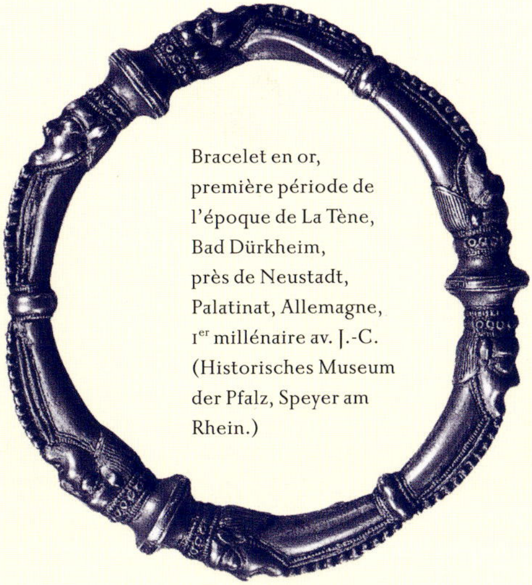

Bracelet en or, première période de l'époque de La Tène, Bad Dürkheim, près de Neustadt, Palatinat, Allemagne, Ier millénaire av. J.-C. (Historisches Museum der Pfalz, Speyer am Rhein.)

LES GUERRIERS

La fierté et le plaisir que ressentaient les Celtes face au cérémonial et à l'appareil militaire, le souci qu'ils avaient de leur apparence personnelle, leurs provocations rituelles, leur indifférence à l'égard de la mort appartenaient à toute une mystique du guerrier. Lorsqu'il demanda ce que craignaient les Celtes de Galatie, Alexandre le Grand s'entendit répondre : « Que le ciel leur tombe sur la tête. » Cette mystique fut servie par l'habileté des forgerons et des artisans qui fournissaient aux héros leurs symboles personnels de puissance et de bravoure. Ainsi, l'épée était une marque honorifique et portait habituellement (comme dans la légende arthurienne) un nom connu de son seul possesseur. On peut se faire une idée de la splendeur du décor d'une cuirasse celtique d'après un arc de triomphe romain adorné de trophées de guerre (*page ci-contre, à gauche*) ; les ennemis victorieux des Gaulois (*page ci-contre, à droite*) nous ont laissé une autre image qui rappelle que les guerriers d'élite celtes affichaient leur mépris de la mort en combattant nus sous l'empire d'une frénésie sacrée où la vie et la mort se confondaient.

Même dans la mort, le guerrier celte conservait sa parure ; en Europe du nord et en Europe centrale, il était étendu sur un chariot à quatre roues dans une chambre en pierre recouverte d'un tumulus. Beaucoup de ces tombes contenaient des armes et des ornements magnifiquement ouvragés, en fer et en bronze : épées, casques (*ci-dessous*), trompettes de guerre (*ci-dessous*), torques, amulettes et harnachements. Ce chariot de bronze (*page ci-contre, en bas*) représente probablement l'une de ces inhumations. On y voit en figurine des serviteurs sacrifiés, des guerriers, des chevaux et des animaux sacrés entourant une déesse qui élève une coupe vers le ciel.

Casque en bronze provenant d'une tombe, La Gorge Meillet, Marne, France, Ve siècle av. J.-C. (Musée des Antiquités nationales, Saint-Germain-en-Laye.)

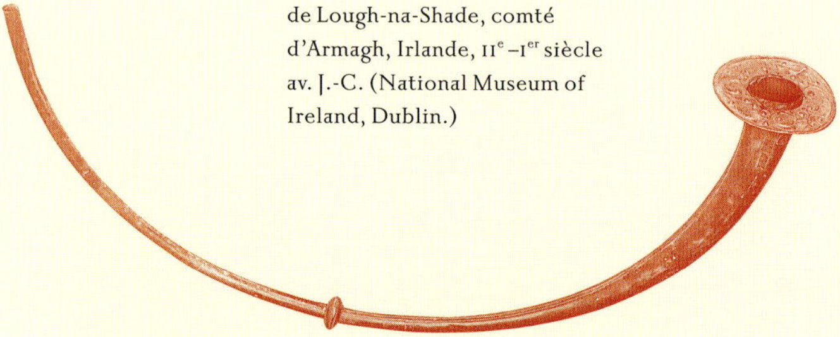

Trompette en bronze provenant de Lough-na-Shade, comté d'Armagh, Irlande, IIe–Ier siècle av. J.-C. (National Museum of Ireland, Dublin.)

Armure gauloise appartenant aux trophées de guerre, détail d'un relief de l'arc de triomphe d'Orange, Vaucluse, France, Ier siècle apr. J.-C. env. (*voir aussi p. 61*).

Gaulois vaincu, détail d'un relief représentant une bataille entre Romains et Gaulois, mausolée de Glanum, près de Saint- Rémy-de-Provence, Bouches-du-Rhône, France, Ier siècle apr. J.-C. (Plateau des Antiques, Saint-Rémy-de-Provence.)

Chariot votif en bronze, Strettweg, Styrie, Autriche, VIIe siècle av. J.-C. (Landesmuseum Joanneum, Graz.)

L'ACTE DE DÉSIGNATION

Le langage commence avec le signe et la désignation de l'inconnaissable. La démarche essentielle tend à enfermer ou à modifier les forces de la nature à l'intérieur d'un ordre ou d'un modèle. La traditionnel alphabet ogamique en fut un prolongement simple, et constitua l'instrument idéal au moyen duquel furent incisées les deux arêtes de la pierre funéraire brute. Les origines de cet alphabet largement répandu dans le sud de l'Irlande (Macalister en a dénombré neuf cents exemples dans les Îles britanniques) et en Scandinavie demeurent obscures. L'allégorie, rapportée par Lucien, de l'Ogmios gaulois aux chaînes d'or est la seule référence que nous conservions de ce dieu celte de la sagesse et de la connaissance.

Le calendrier de Coligny, exhumé en 1897 (*voir p. 73*), atteste le degré de romanisation de la Gaule au Ier siècle apr. J.-C. Il se compose d'une table de bronze, dont une soixantaine de fragments ont été exhumés, comprenant soixante-deux mois consécutifs de trente jours fastes ou clairs et vingt-neuf jours néfastes ou sombres. C'était, semble-t-il, une tentative pour combiner le calendrier romain avec le cycle rituel celtique de trente-six mois.

Dans ce royaume du présent éternel que reflètent les mythes et les légendes, la désignation des jours fastes ou néfastes, et même des heures favorables aux exploits, relevait des druides. Les bardes prédisaient l'avenir d'après les cris des oiseaux ou les empreintes des animaux, ou en jetant des baguettes d'if. La divination était inséparable de la forêt. Les trois premières lettres de l'alphabet irlandais des arbres, le Beth-Luis-Nion, correspondent au bouleau, au sorbier et au frêne. Cette méthode orale simplifiée de mémorisation d'une vaste gamme de connaissances était utile dans la guérison par les plantes et les diverses pratiques magiques. À la simplicité de cette ancienne tradition s'oppose l'extrême complexité des monogrammes du Livre de Kells (*page ci-contre*). Son univers luxuriant, foisonnant de symboles, d'images et de motifs, constitue un des exemples les plus somptueux et les plus raffinés de la calligraphie dans le monde occidental (*ci-dessous*).

Majuscules enjolivées, Livre de Kells. (Bain, *Celtic Art, the Methods of Construction*, réimpression, Londres, 1972.)

Page ci-contre | Monogramme XPI (*Christi generatio*), Livre de Kells, Irlande, VIIIe siècle apr. J.-C. (Trinity College, Dublin.)

h generatio

LES ENTRELACS DE LA CONTEMPLATION

L'Irlande fut le seul pays celte à préserver les modes des temps héroïques en perpétuant au cours du Moyen Âge chrétien une tradition artistique qui s'était élaborée un millénaire plus tôt, lors de la civilisation de La Tène. On trouve parmi les éléments décoratifs les plus courants le nœud, l'entrelac géométrique et le jeu des multiples courbes qui donne naissance à des formes apparentées aux plantes, aux oiseaux, aux animaux et à l'homme. C'est ainsi que l'homme (*page ci-contre, à droite*) devient poisson, symbole traditionnel du Christ ou de l'âme. Ces mêmes constantes de style se retrouvent dans les grands évangéliaires irlandais (Livres de Kells, de Durrow, de Lindisfarne, etc.) et dans les objets cultuels : croix et reliquaires (*ci-dessous, à droite et page ci-contre, en bas*).

Les contemplatifs fixent souvent leur esprit conscient sur quelque occupation astreignante et répétitive (mantra ou chapelet). Le décor ornemental irlandais aide à cette concentration. Les deux « tireurs de barbe » perdus dans la contemplation de l'enchevêtrement des nœuds de l'éternité – thème fréquent des illustrations du Livre de Kells – utilisent une technique de méditation que l'époque moderne a retrouvée, notamment dans la psychothérapie de groupe (*ci-dessous, à gauche*).

Tireurs de barbe, Livre de Kells. (Bain, *Celtic Art, the Methods of Construction*, réimpression, Londres, 1972.)

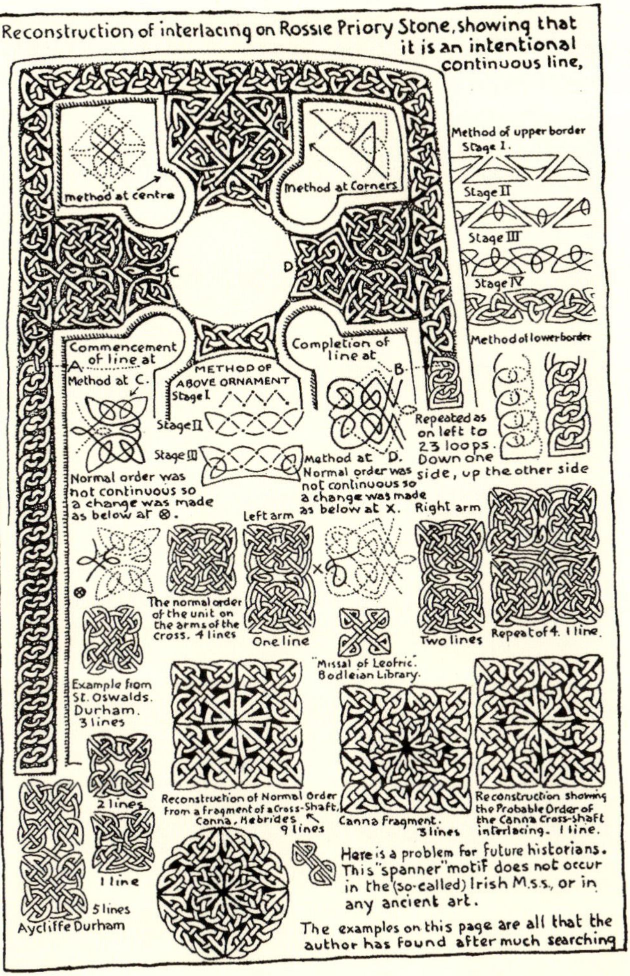

Exemples de la ligne continue telle que l'utilise le style décoratif celtique. (Bain, *Celtic Art, the Methods of Construction*, réimpression, Londres, 1972.)

Page ci-contre, à droite | Support ouvragé à tête d'animal de la Croix de Cong (*voir p. 88*). (National Museum of Ireland, Dublin.)

Motif décoratif marginal, Livre de Kells, Irlande, VIIIe siècle apr. J.-C. (*voir aussi p. 9*) (Trinity College, Dublin.)

Écrin irlandais provenant de Norvège, VIIIe–IXe siècle apr. J.-C. (Nationalmuseet, Copenhague.)

LE POUVOIR DES BÊTES

L'art et la littérature des Celtes contiennent un riche bestiaire dont les animaux favoris sont le cerf, le taureau, le sanglier et le cheval. La nature psycho-sexuelle des rites, qui incluent le chaman et l'animal et appartiennent à une très ancienne tradition indo-européenne, conduit à penser que les animaux étaient identifiés à l'esprit ancestral présidant aux destinées de la tribu. Le Seigneur des Animaux figurant sur la bourse de Sutton Hoo (*p. 60*) est presque identique au Cernunnos du chaudron de Gundestrup (*p. 53*). Le taureau (*page ci-contre, en bas*) représentait la puissance animale pour les Anglais et les Irlandais des campagnes, tandis que le cerf et le sanglier (*page ci-contre, en haut*) jouaient ce rôle pour les chasseurs, le cheval pour les Celtes nomades des périodes plus anciennes, et le loup rôdeur pour les Pictes sauvages (*page ci-contre, au centre*). Le caractère sacré de ces animaux se reflète dans les métamorphoses et les chasses magiques des récits gaéliques.

L'œuvre de George Bain (*ci-dessous et pp. 118–121*) mérite une mention particulière à cet égard. Artiste aussi méticuleux que ceux dont il a étudié le travail avec tant d'amour, il a passé sa vie à relever dans les manuscrits et sur les pierres les principaux motifs picturaux celtiques, montrant ainsi les techniques employées pour réaliser l'extraordinaire symbolisme unifié des Celtes. Son œuvre constitue un véritable guide du monde celtique de l'imagination.

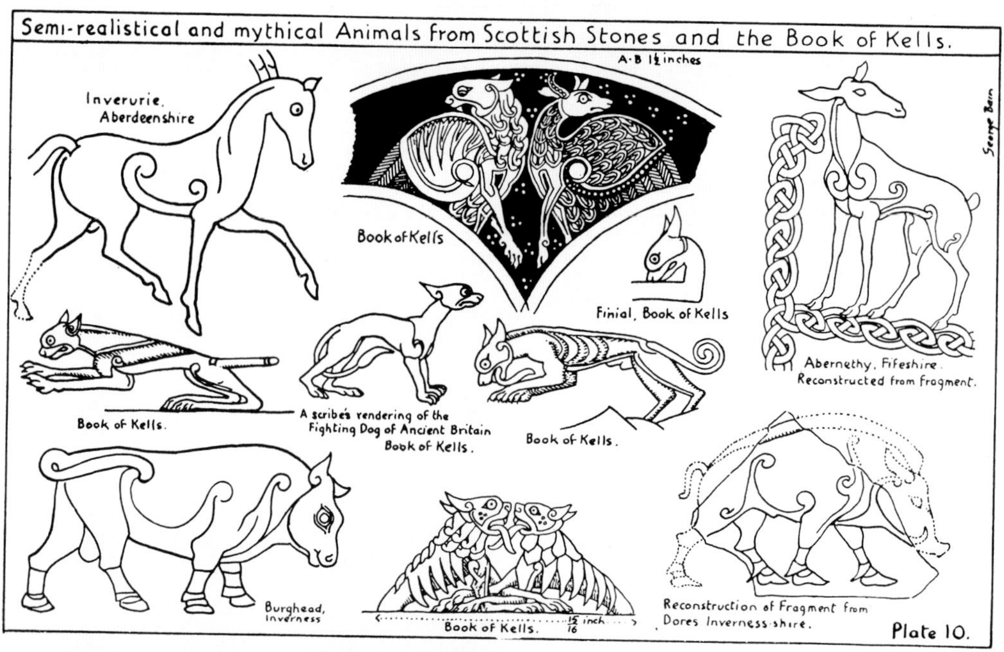

Silhouettes d'animaux dans l'art celtique. (Bain, *Celtic Art, the Methods of Construction*, réimpression, Londres, 1972.)

Sanglier en bronze, Bata, Hongrie, Ier siècle av. J.-C.–Ier siècle apr. J.-C. (Magyar Nemzeti Múzeum, Budapest.)

Pierre incisée avec une silhouette de loup, Ardross, Invernessshire, Écosse, VIIe siècle apr. J.-C. (*voir aussi p. 84*). (Inverness Museum.)

Support en bronze en forme de taureau, Dorset, Grande-Bretagne, Ier siècle apr. J.-C. (Dorset County Museum, Dorchester.)

LE SACRIFICE HUMAIN

La mythologie moderne des Celtes est dominée par les figures sauvages des guerriers recouverts de peinture végétale bleue et d'hommes d'osiers embrasés. Mais une découverte a apporté des éléments plus concrets concernant les anciennes exécutions. En 1984, un corps remarquablement bien conservé est découvert dans une tourbière de Lindow, dans le nord de l'Angleterre, quelques 2000 ans après son inhumation. Les analyses scientifiques vont montrer que cet homme barbu d'une vingtaine d'années a d'abord été frappé deux ou trois fois à la tête avec une hache à lame étroite pour le rendre inconscient. Puis, alors qu'il était encore en vie, il a été étranglé à l'aide d'une cordelette dont une extrémité était fixée à un bâtonnet à l'arrière du cou, tourné pour resserrer progressivement le nœud. Cela a été accompli avec une telle violence que la nuque a été brisée. Mais le rituel n'était pas terminé : les meurtriers ont encore tranché la gorge de la victime avant de pousser son corps nu, face contre terre, dans une fosse creusée dans la tourbe. La complexité de cette exécution suggère fortement un sacrifice rituel, qui insensibilise d'abord l'homme avant sa mort puis qui s'achève par un dernier acte posthume. Contrairement aux représentations sensationnelles des mystères celtiques, on a là aucune destruction par le feu, ni aucune torture qui n'en finit pas, mais un rite soigneusement exécuté. Nous ne saurons jamais si l'homme participait de son plein gré à cette pratique sanglante. En dehors de ses blessures, le corps portait encore une bande de fourrure de renard sur le bras

Druide dans un bosquet sacré à Stonehenge avec une faucille et du gui. (Francis Grose, *Antiquities of England and Wales* Vol. IV, Londres, 1773–1787.)

gauche et la cordelette qui l'avait tué. On a découvert également des traces de pollen de gui (mais pas la plante elle-même) dans son estomac, un détail intrigant qui laisse toutefois penser que des extraits de la plante druidique avaient touché le dernier repas ou les lèvres du condamné.

Gui (*Viscum album*), la plante des druides. (Tiré de *Flora von Deutschland, Österreich und der Schweiz*, Professeur Dr Otto Wilhelm Thomé, 1885, Gera, Allemagne.)

L'homme de Lindow, originellement découvert face contre terre dans la tourbe. Ier siècle de notre ère. (British Museum, Londres.)

BIBLIOGRAPHIE

Adkinson, Robert (éd.), *The Celts* (Sacred Symbols), Londres, 1995

Aldhouse-Green, Miranda et Stephen, *The Quest for the Shaman*, Londres, 2005

Bain, George, *Celtic Art: The Methods of Construction*, Londres, 1951

Bord, Janet and Colin, *Mysterious Britain*, Londres, 1972

Castaneda, Carlos, *The Teachings of Don Juan*, Berkeley 1968

Chadwick, Nora, *The Celts*, Harmondsworth 1970

Chaplin, Dorothea, *Matter, Myth and Spirit*, Londres, 1935

Cunliffe, Barry, *The Ancient Celts*, Oxford 1997

———, *Druids: A Very Short Introduction*, Oxford 2010

Dillon, Myles, et Mora Chadwick, *The Celtic Realms*, Londres, 1967

Ellis, Peter Berresford, *The Druids*, Grand Rapids, MI, 1995

Éluère, Christiane, et Daphne Briggs (trad.), *The Celts: First Masters of Europe*, Londres, 1993

Evans-Wentz, W. Y., *The Fairy Faith in Celtic Countries*, Londres, 1911

Graves, Robert, *The White Goddess*, Londres, 1958

Green, Miranda, *Exploring the World of the Druids*, Londres, 2005

———, *Gods of the Celts* (éd. rév.), Londres, 2004

Gregory, Lady, *The Voyages of St Brendan...A Book of Saints and Wonders*, Gerrards Cross, 1973

Henderson, George et Isabel, *Art of the Picts: Sculpture and Metalwork in Early Medieval Scotland*, Londres, 2011

Henry, Francoise, *Irish Art*, Londres, 1965

Higgins, Geoffrey, *The Celtic Druids*, Londres, 1829

Jackson, Kenneth Hurlstone, *A Celtic Miscellany*, Harmondsworth, 1971

James, Simon, *Exploring the World of the Celts*, Londres, 2005

Jarman, A. O. H., *The Legend of Merlin*, Cardiff, 1970

Kinsella, Thomas (trad.),*The Táin*, Oxford, 1969

Laing, Lloyd et Jennifer, *Art of the Celts*, Londres, 1992

Macalister, R. A. S., *Tara: A Pagan Sanctuary of Ancient Ireland*, Londres et New York, 1931

Mac Cana, Proinsias, *Celtic Mythology*, Londres, 1970

MacCulloch, J. A., *The Religion of the Ancient Celts*, 1911 (gratuitement en ligne sur le site Project Gutenberg: www.gutenberg.org)

Maier, Bernhard, *Dictionary of Celtic Religion and Culture*, Woodbridge, Suffolk, et Rochester, NY, 1997

Markale, Jean, *King of the Celts: Arthurian Legends and Celtic Tradition*, Rochester, VT, 1994

Matthews, Caitlin, *The Elements of the Celtic Tradition*, Longmead, 1995

Meehan, Aidan, *The Celtic Design Book*, Londres, 2007

———, *Celtic Alphabets*, Londres, 1998

Menzies, Lucy, *St Columba of Iona*, Glasgow, 1949

Mercier, Vivian, *The Irish Comic Tradition*, Oxford, 1962

Piggott, Stuart, *The Druids*, Londres, 1995

Rees, Alwyn et Brinley, *Celtic Heritage*, Londres, 1961

Ross, Anne, *Pagan Celtic Britain*, Londres, 1967

Sjoestedt, M.-L., *Gods and Heroes of the Celts*, Londres, 1949

Stewart, R.J., *Celtic Gods, Celtic Goddesses*, Londres, 2003

Waters, Frank, *The Book of the Hopi*, New York, 1969

CRÉDITS PHOTOGRAPHIQUES

Les chiffres renvoient aux numéros des pages.

h=en haut, c=centre, b=en bas, g=à gauche, d=à droite

2. National Museum, Prague | **4–5.** Trinity College, Dublin | **6–7.** John Woodworth/iStockphoto.com | **9.** Trinity College, Dublin | **10.** George Mott | **13.** Photo Salvador Busquets | **14.** British Tourist Authority | **16.** Nomad Images/ Dreamstime.com | **17.** *The Fairy Feller's Master-stroke* (1855–1864), tableau de Richard Dadd, Tate Gallery, Londres | **18–19.** Boguslaw Kupisinski/Dreamstime.com | **20.** Mümling-Grumbach, Odenwald, Allemagne | **21.** Musée Archéologique, Dijon | **22.** Edwin Smith | **23.** Reece Winstone | **24.** Edwin Smith | **27.** Photo Lee Cox | **29.** Musée Calvet, Avignon | **32.** National Museum of Ireland, Dublin | **33.** University Museum of Antiquities, Newcastle-upon-Tyne | **35** U. Seitz-Gray, Frankfurt am Main | **36–37.** Erich Lessing/akg-images | **38.** Staatliche Museen, Berlin | **39.** Museum of Transport and Archaeology, Kingston-upon-Hull | **40.** akg-images | **43.** Bibliothèque Nationale, Paris | **45.** Pictish warrior, watercolour by John White, vers 1590 | **46.** Photo Marc Kitchen-Smith | **49.** University Museum of Bergen | **50.** Musée Borély, Marseilles | **52, 53.** Nationalmuseet, Copenhagen | **54–55.** De S. R. Meyrick et C. H. Smith, *Costume of the Original Inhabitants of the British Isles*, Londres, 1815 | **56h.** © Last Refuge/Robert Harding World Imagery/Corbis | **56b.** British Museum, Londres | **59.** Nationalmuseet, Copenhague | **60.** The Trustees of the British Museum | **61.** Jean Roubier | **63.** Aylett Sammes, *Britannia antiqua illustrata*, Londres, 1676 | **64.** British Lion Films Ltd | **65.** Bodleian Library, Oxford | **66.** © Stockcube/Dreamstime.com | **68.** National Museum of Ireland, Dublin | **69h.** British Museum, Londres | **69b.** Thomas, *Britain and Ireland in Early Christian Times*, Londres et New York, 1971 | **71.** S. R. Meyrick et C. H. Smith (voir 54–55) | **73.** Musée de la Civilisation Gallo-Romaine, Lyon | **74–75.** © Raini Scott/Beltane Fire Society | **77.** National Museum of Ireland, Dublin | **79.** British Museum, Londres | **80–81.** Harold Chapman | **83.** Photo Jonathan Grant | **84.** British Museum, Londres | **85.** Northern Ireland Tourist Board | **86.** Trinity College, Dublin | **90–91.** © Upthebanner/Dreamstime.com | **92.** Commissioners of Public Works d'Irlande | **93.** Bord Fáilte Eireann (office de tourisme irlandais) | **94.** Merseyside County Museums, Liverpool | **95.** © Robert Harding Picture Library Ltd/Alamy | **99h.** Dept. of the Environment (Copyright réservé) | **99bd.** Edwin Smith | **100g.** National Monuments Record | **101c.** Dept of the Environment (Copyright réservé) | **103a.** Belseaux-Zodiaque | **103b.** Lauros-Giraudon/ Jos Le Doaré | **104** Edwin Smith | **105** Commissioners of Public Works | **106d.** Jean Roubier | **107hg.** Bord Fáilte Eireann | **107hd.** Commissioners of Public Works | **107c.** Dept of the Environment (Copyright réservé) | **107bg.** R. Grosjean | **107bd.** Edwin Smith | **108g.** Commissioners of Public Works | **108d.** Warburg Institute, University of London | **109.** Edwin Smith | **110.** Commissioners of Public Works | **111** Centro Camundo | **112** Giraudon | **113d.** Jean Roubier | **114g.** R. C. M. Thomson (pour I. Finlay's *Celtic Art*, Londres, 1967) | **115bg, 115bd.** Lala Aufsberg | **117hg.** Jean Roubier | **119** Green Studio | **120br.** Bord Fáilte Eireann | **123h, 123g.** R. C. M. Thomson (pour I. Finlay's *Celtic Art*, Londres, 1967) | **123b.** N. A. Macleod